죽기엔 너무 젊고
살기엔 너무 가난하다

행복한 부자가 되는 사칙연산의 비밀

죽기엔 너무 젊고
살기엔
너무 가난하다

CONTENTS

프롤로그
죽기엔 너무 젊고 살기엔 너무 가난해

언제부턴가 우리에겐 월급의 기쁨이 사라졌다. 월급은 그저 통장에 찍힌 숫자로만 확인될 뿐, 한 톨의 희망도 남기지 않고 야박하게 빠져나간다. 그것도 빛의 속도로! 덕분에 월급날이 되면 사무실 곳곳에선 카드값과 대출금 이자, 공과금을 가져간다는 살벌한 알림과 함께 삶과 죽음을 논하는 서글픈 탄식까지 들려온다.

"아! 죽기엔 너무 젊고 살기엔 너무 가난해."

자영업자라고 해서 다를 건 없다. 하루하루 살얼음판을 걷는 듯한 불안감을 견디며 희망을 꿈꿔보지만 세상이 어디 그리 녹록하던가. 살맛에 취해 한창 신나게 일해야 하는 청장년층의 입에서 가난해서 죽겠다는 소리가 터져 나오니 안타까울 따름이다.

나는 고액 연봉을 받던 금융계 중역직을 내려놓은 후 지난 15년간 재정 컨설팅과 강연을 통해 많은 사람을 만나왔고, 그들이 부자가 되어 경제적 자유를 누리도록 힘껏 돕고 있다. 그리고 오래전부터 좀 더 폭넓은 청중을 접하기 위해 책의 집필을 고민했다. 하지만 바쁜 일정에 밀려 선뜻 실행에 옮기지 못했다.

"이건 사는 게 아니에요. 그냥 죽지 못해서 하루하루 버티는 거죠."

"갈수록 희망은 줄어들고 절망만 커지네요."

언젠가부터 사회 곳곳에서 들려오는 청장년층의 서글픈 탄식에 더는 책의 집필을 미룰 수 없다는 생각이 들었다. '죽기엔 너무 젊고 살기엔 너무 가난한' 그들이 희망의 불빛을 찾는 데 작으나마 도움을 주고 싶었다.

우리는 누구나 부자가 되기를 꿈꾼다. 엄청난 부를 가진 큰 부자는 다소 부담스러울 수도 있겠지만, 돈 걱정 없이 살 수 있을 정도의 부자가 되는 것은 모든 사람의 바람이 아닌가 한다.

그래서인지 수많은 재테크 서적이 부자가 되는 방법을 소개하고, 인터넷 여기저기에 10억 원을 모으는 비법들이 공개되어 있다. 그 비법들을 정리해보면 그다지 어렵거나 복잡한 것은 없다. 오히려 너무 단순해서 "정말? 정말 이게 다야?"라는 의문이 들 정도다.

부자가 되는 비법은 단순하고 쉬운 데다, 비법이라는 말이 무색할 정도로 이미 모든 사람에게 공개돼 있다. 그런데 왜 현실에서는 부자가 되어 경제적 자유를 누리는 사람이 극소수에 불과할까?

강의와 컨설팅 등을 통해 사람들을 만나면서 나는 아직 부자가 되지 못한 사람과 이미 부자가 된 사람의 차이가 무엇인지 분명하게 알 수 있었다. 부자들은 무엇보다 돈의 속성에 대해 잘 알고 있었다.

돈에는 대표적인 다섯 가지 속성이 있다. 버는 것, 쓰는 것, 불리는 것, 나누는 것, 챙기는 것이 바로 그것이다. 부자들은 이러한 돈의 다섯 가지 속성을 잘 알고 이를 유용하게 활용함으로써 끊임없이 그들의 통장을 살찌우고 있었다.

그뿐만이 아니다. 부자들은 돈의 속성을 활용하는 과정에서 그들만의 특별한 사칙연산을 적용한다. 수입은 늘리고(+) 지출은 통제해서(−), 그 차액을 모으고 불려(×) 꼭 필요한 곳에 잘 나누어(÷) 사용하는 것이다. 이 책에는 부자들이 유용하게 활용하고 있는 그들만의 특별한 사칙연산에 대한 비밀이 담겨 있다. 그리고 사칙연산과 더불어 꼼꼼히 챙겨야 할 중요한 정보와 삶의 철학에 대해서도 정리해두었다.

또한 이 책에는 부자들이 돈을 아끼고 모으고 불리는 데 가장 기본이 되는 '가정경제관리'에 대해서도 상세히 다루었다. 부자는 결코 아등바등하며 돈을 좇지 않는다. 그들은 여유롭게 돈을 리드한다. 이를 위해 필요한 것이 바로 '가정경제관리'다.

대부분의 사람은 결혼 자금, 내 집 마련 자금, 자녀 학자금, 노후 대비 자금 등 생애 전반에 걸쳐 큰돈이 필요한 시기를 여러 번 맞게 된다. '가정경제관리'는 이러한 인생의 재무 목표들을 달성할 수 있게 도와주는 설계도면이라고 할 수 있다. 즉, 삶의 특정 시기에 반드시 달성해야 할 재무 목표들을 세우고 그것을 달성할 수 있도록 구체적인 계획과 실천을 수행하는 모든 과정이 가정경제관리인 것이다.

가정경제관리가 잘 되면 돈이 필요한 순간에 이미 준비가 돼 있으니 중요한 재무 목표를 포기해야 할 일도 없고, 빚을 갚기 위해 이리저리 돈에 휘둘리며 팍팍한 삶을 살지 않아도 된다. 돈의 주인이 되어 돈을 리드하기에 경제적 자유를 얻는 것은 물론이고 삶의 행복감까지 얻는 '행복한 부자'가 될 수 있다.

이 책은 분명 행복한 부자가 되어 경제적 자유를 얻는 데에 큰 힘을 실어줄 나침반이 될 것이다. 하지만 이 또한 모든 사람을 부자로 만들어주는 절대반지는 되지 못한다. 이 책에서 들려주는 비법이 제대로 된 힘을 발휘하기 위해서는 반드시 '실행'이 뒷받침되어야만 한다.

부자와 부자가 아닌 사람의 차이는 그들이 가진 부에 대한 지식이나 정보가 아닌 실행의 여부에 있다. 한 걸음 한 걸음 우직하게 내딛는 실행 없이는 세상의 그 어떤 정보나 지식도 머릿속에만 머물 뿐 현실에서의 힘을 발휘하지 못한다.

나는 이 책을 읽는 모든 분들이 단순한 공감을 넘어 당장 '가정 경제관리'를 위한 첫걸음을 떼어주기를 희망한다. 그리고 그 과정에서 이 책에 담긴 '부자들만의 특별한 사칙연산'을 적극적으로 활용해 통장을 더욱 살찌우고, 행복한 부자가 되어 경제적 자유를 얻을 수 있기를 간절히 소망한다. 그리하여 '죽기엔 너무 젊고 살기엔 너무 가난한' 삶이 아닌 하루하루가 행복으로 충만한, 살맛 나는 삶을 영위할 수 있기를 진심으로 기원한다.

제1장
잘 더하기

마르지 않는 샘을 준비하라

돈, 리드해야 진짜 부자다

모두가 부자를 꿈꾼다. 후손에게 대대로 금수저를 물려줄 만한 대단한 부자까지는 아니더라도 자신과 가족이 돈 걱정 없이 일생을 행복하고 여유롭게 살 수 있기를 희망한다.

가정경제관리와 관련된 강의와 상담을 하다 보면 '도대체 얼마를 가져야 부자인가?'를 묻는 분들이 많다. 그럴 때마다 나는 부자와 그렇지 않은 이를 구분하는 것은 돈의 규모가 아닌 돈을 대하는 태도에 달렸다고 말한다.

"100억 원을 가졌지만 그것을 지키고 불리기 위해 가족이나 친구는 물론 자기 자신까지 돌볼 여유가 없는 사람은 부자인가요, 부자가 아닌가요?"

"10억 원을 가졌지만 돈을 쓰는 데 전혀 불편함이 없고, 일생이 여유롭고 행복한 사람은 부자인가요, 부자가 아닌가요?"

돈의 많고 적음이 기준이라면 분명 전자가 부자일 테다. 하지만 선뜻 고개를 끄덕일 수 없는 것은, 돈이 많아도 그는 결코 돈의 주인이 아니기 때문이다. 짐작건대 그는 늘 돈을 좇느라 소소한 행복마저도 챙길 수 없었을 것이며, 돈에 쫓기느라 단 한 순간도 여유롭지 못했을 것이다.

후자의 경우는 어떤가. 요즘 같은 고물가 시대에 10억 원 정도로 부자라고 할 수 있겠느냐며 코웃음을 치는 사람이 있을지도 모른다. 하지만 남들이 뭐라고 하든지 그게 무슨 상관인가. 살면서 한순간도 돈 때문에 힘들지 않고, 써야 할 곳에 쓰면서 여유롭게 살았다면 그가 곧 많은 사람이 바라는 행복한 부자의 표상이 아니겠는가.

당신은 부자인가?

일생을 돈 걱정 없이 행복한 부자로 살기 위해서는 분명 어느 정도의 자산은 있어야 한다. 미래에 대한 준비는커녕 당장의 생활비를 염려해야 하는 사람이 마음만 여유롭다고 해서 부자라 우길 순 없으니 말이다.

부자로 살기 위해 필요로 하는 최소한의 자산은 사람마다 다를 수 있다. 부양가족의 수, 사는 지역 등 상황에 따라, 그리고 씀씀이에 따라서도 필요로 하는 돈의 규모가 다르다. 중소도시의 중형아파트에서도 충분히 여유롭고 행복하게 사는 사람이 굳이 서울 강남의 고급아파트에 사는 사람과 비교하며 나는 부자인가,

부자가 아닌가를 고민할 이유가 없다. 가족과 오순도순 둘러앉아 영양 가득한 식사를 즐기면서 군이 최고급 호텔의 값비싼 식사를 하는 사람과 부의 크기를 비교할 이유는 없다.

부자의 기준은 다른 사람보다 더 가졌느냐, 덜 가졌느냐가 아닌 자신과 가족이 일생을 행복하고 여유롭게 살 수 있는 자산을 갖추었는가에 있다. 그래서 부자는 현재를 즐기면서 안정된 미래를 충실히 준비하는 사람을 의미한다. 가족이 안락하게 생활할 수 있는 집이 있고, 양육비와 교육비 걱정 없이 자녀를 낳아 키우고, 100세 시대를 재앙이 아닌 축복으로 받아들일 수 있다면 그가 바로 부자다.

더 대단한 부자를 꿈꾸는 사람도 있을 테지만, 평범한 소시민인 나는 나와 내 가족이 일생을 돈 걱정 없이 행복하고 편안하게 살 수 있을 만큼의 돈, 딱 그만큼의 자산만 있으면 충분하다. 더군다나 가정경제를 알뜰히 관리하고 현명하게 준비하는 부모의 모습은 자녀에게 금수저 이상의 유산이 될 테니 딱히 풍족한 유산을 물려주려 아등바등하지 않아도 된다.

2018년, 금융 및 경제 전문 미디어인 머니투데이가 전국 성인 남녀 1,000명을 대상으로 실시한 한 설문조사에서 '나는 부자다'라고 생각하는 응답자는 8.2%에 불과했다. 그리고 '나는 부자가 아니다'라고 생각하는 응답자가 91.8%에 달했다. 또 자신은 부자가 아니라고 대답한 응답자의 61.1%는 자신이 부자가 되는 것은 평생 불가능하다고 답했다.

응답자들이 생각하는 '부자'의 기준이 무엇인지는 알 수 없으나 내가 위에서 말한 기준의 부자라면 자신이 부자가 되는 것은 평생 불가능하다고 대답하는 사람이 확연히 줄어들 것이다.

사실 부자가 되는 방법은 생각보다 간단하다. 수입은 늘리고(+) 지출은 통제해서(-), 그 차액을 모으고 불려(×) 꼭 필요한 곳에 잘 나누어(÷) 사용하면 된다. 그렇게 돈의 흐름을 리드하며 돈의 주인이 된다면 그것이 진짜 부자다.

이토록 간단한 공식을 두고도 많은 사람이 엉뚱한 길을 헤맨다. 앞서 소개한 조사에서 '현재 한국 사회에서 부자가 될 수 있는 가장 실현 가능성이 큰 방법'을 묻는 질문에 응답자들은 부동산 투자(29.3%), 상속 및 증여(22.4%), 복권 등 우연한 기회(13.0%)를 가장 많이 꼽았다. 힘들이지 않고 노력하지 않고 부자가 될 길만 찾으니 부자는 거리가 먼 남의 이야기가 되는 것이다.

이외에도 창업(12.7%)과 저축(9.5%)이 그 뒤를 이었는데, 이 중 기본적인 밑천이 있어야 가능한 부동산 투자와 창업, 그리고 하다못해 은수저라도 물고 태어나야 하는 상속 및 증여, 천운을 받아야 하는 복권 당첨을 제외하면 결국 평범한 소시민이 부자가 되는 가장 실현 가능성 큰 방법은 '저축'이다.

"요즘 같은 고물가 시대에 어떻게 저축을 해요!"

"언제 직장을 잃을지 몰라 하루하루가 살얼음판을 걷는 심정인데 어떻게 미래까지 준비해요!"

재벌 수준의 거창한 부자가 아닌 소박한 부자를 꿈꾼다지만 현실은 그리 녹록지 않다. 경기 침체로 인한 고용 불안, 고물가로 인한 화폐가치 저하, 고령화와 저출산으로 인한 세금 부담의 증가 등 부자로 가는 길목에는 막강한 걸림돌들이 있다. 그리고 이를 치우기 위해서는 분명 제도적 보완과 경제성장의 노력이 뒷받침되어야 할 테다. 그럼에도 나는 그보다 더 중요한 것이 개개인의 의지와 실천이라고 생각한다.

분명 같은 월급인데도 누구는 한 달을 살아내기가 빠듯하고, 누구는 아끼고 모아서 결혼을 하고 집을 사고 자녀를 낳고 키우지 않는가. 모두가 후자가 되어야 한다는 말이 어쩌면 냉정하고 무책임하게 들릴 수도 있을 것이다. 당장 국가나 사회가 해결해주지 못하는 문제가 있다면 결국 스스로 해결하든지 포기하든지 둘 중 하나이지 않겠는가. 나는 이 책을 읽는 모든 사람이 포기가 아닌 스스로 해결하는 것을 택하기를 희망한다.

제도나 경제적 여건이 달라지는 것은 시간도 오래 걸릴뿐더러 한계도 분명하다. 그리고 무엇보다 자신의 행복, 가정의 행복의 주체는 자기 자신이지 사회나 국가가 아니다. 물론 스스로 최선을 다하며 노력하다 보면 언젠가는 사회와 국가의 뒷받침까지 따라주어 더 큰 결실을 얻게 될 테다. 그런 좋은 날이 오기까지는 스스로 바라는 것을 완성해가야 한다.

미래의 행복을 위해 현재의 행복을 저당 잡히지 마라

나는 내가 아는 모든 이들이 행복한 부자가 되기를 희망한다. 돈이 행복을 가늠하는 척도가 될 수는 없지만, 기왕이면 부자이면서 행복한 것이 더 낫지 않을까. '가난이 대문으로 들어오면 사랑이 창문으로 나간다'라는 말처럼 돈 때문에 늘 쪼들리는 삶을 살다 보면 사랑도 행복도 타격을 받기 마련이다.

타고난 금수저가 아닌 보통의 평범한 사람들은 부자가 되기 위해 적은 돈도 아끼고 모으며 재산을 잘 불려나가야 한다. 그런데 그 과정이 힘들고 행복하지 않다면 '과연 언제까지 이렇게 주머니를 쥐어짜야 하는가?' 하는 회의감마저 들 수 있다. 굴비를 천장에 매달아놓고 보리밥 한 술에 굴비 한 번 쳐다보던 자린고비처럼 먹지도 못할 굴비를 지키느라 맨밥만 삼키는 건 어리석다 못해 불행하기까지 한 삶이다.

미래의 부를 위해 현재의 행복을 저당 잡혀서는 안 된다. 먹지도 못할 굴비가 창고 가득 쌓인 사람보다 매일 밥상에 굴비가 끊이지 않는 사람이 진짜 부자다. 굴비를 야무지게 챙겨 먹으면서도 돈을 차곡차곡 모으고 불리는 사람, 부자가 되는 그 과정마저도 즐겁고 행복한 사람이 진짜 부자다. 그러기 위해서는 돈이 필요 없는 곳으로 새어 나가지 않도록 잘 움켜쥐고, 써야 할 곳으로 잘 흘러갈 수 있도록 힘껏 불려놓아야 한다.

현재의 삶에 만족감을 느끼면서 미래의 부도 준비하려면 돈을 현명하게 관리할 줄 알아야 한다. 또한 돈 관리는 결혼이나 내 집 장만, 자녀 교육처럼 당장의 몇몇 문제들에 집중한 것이 아닌 우리의 인생 전반에 걸쳐 장기적이고 체계적인 계획이 동반되어야 한다.

이를 위해서는 우선 자신과 가족의 행복한 삶을 위한 재무적 목표를 세우고, 그것을 충당할 탄탄한 수입원을 준비할 필요가 있다. 그리고 수입 안에서 지출을 잘 관리하고 저축과 투자를 통해 목표 자금을 차곡차곡 만들어가야 한다.

이렇게 돈을 계획적으로 관리한다면 먹을 것을 안 먹고, 입을 것을 안 입는 자린고비와 같은 삶을 살지 않아도 되며, 필요한 돈을 미리 준비할 수 있어 빚을 지지 않아도 된다.

평균 수명 100세 시대로 접어든 요즘, 눈앞의 즐거움이나 먼 미래의 편안한 생활이 아닌 인생 전체를 멋지고 행복하게 살 수 있도록 가정경제를 꾸려가는 것이 행복한 부자의 삶이라 할 수 있다.

나는 이 책을 읽는 모든 이들이 생의 모든 순간이 행복한, 진짜 부자가 되기를 바란다. 돈을 위해 많은 것을 포기하고, 돈에 의해 이리저리 휘둘리는 가짜 부자가 아닌, 돈을 계획하고 관리하며 의지대로 멋지게 리드하는 진짜 부자가 되기를 희망한다.

일확천금이 아닌 일땀만금을 꿈꿔라

2017년, 시장조사 전문기관인 트렌드모니터가 만 19~59세 성인 남녀 1,000명을 대상으로 실시한 설문조사에서 전체 응답자의 88.6%가 '부자가 되고 싶다'라고 말했다. 그런데 동일한 조사에서 '열심히 노력하면 부자가 될 수 있다'라고 대답한 사람은 19.5%, '부자가 될 기회는 누구에게나 공평하게 주어진다'라고 대답한 사람은 7.4%에 불과했다. 또한 '직장 생활만 열심히 해도 큰돈을 모을 수 있다'라는 의견도 겨우 5.1%에 불과했다.

그렇다면 이들은 어떻게 하면 부자가 될 수 있다고 생각하는 것일까? 조사에 의하면 응답자의 68.2%가 '로또에 당첨되지 않는한 현재 삶의 수준에서 벗어나기 힘들다'라고 생각했다. 결국 부자가 되고 싶지만, 현실은 로또 당첨이 아니면 부자가 되기 힘들다는 의견이 지배적이라는 것이다.

"당신이 로또 1등에 당첨되는 것과 열심히 일해서 부자가 되는 것 중 무엇이 더 실현 가능성이 클까요?"

설문에 위와 같은 질문을 추가한다면 과연 어떤 대답이 나올까? 당연히 후자를 선택하는 사람들이 더 많을 것이다. 로또 대박을 꿈꾸지만 이는 실현 가능성이 무척이나 낮은 일이다. 그런 시간과 열정을 차라리 열심히 일해서 부자가 되는 쪽에 쏟으면 부자가 될 가능성을 훨씬 더 높일 수 있다. 이것이 로또 당첨의 대박을 꿈꾸는 다수의 사람들이 어제와 다름없이 오늘도 회사로 향하는 이유다.

내 인생에 로또는 없다

1등 당첨 가능성이 희박하다는 것을 알면서도 사람들은 복권을 산다. 대한민국의 성인 중에 로또 등의 복권을 한 번도 구매하지 않은 사람이 몇이나 될까? 간밤에 꿈이 좋아서, 추첨을 기다리는 동안의 기대감과 설렘이 좋아서, 지갑 속에 천 원짜리가 많아서, 친구 따라 덩달아서, 그냥 재미로 등등 구매의 이유도 다양하다.

겉으로 드러난 이유는 제각각일지라도 마음속 깊은 곳에 있는 진짜 이유는 크게 다르지 않다. '혹시나' 하는 것이다. 혹시나 내게도 지난주 1등 당첨자처럼 내 인생을 바꾸어줄 일확천금의 행운이 오지 않을까 기대하며 지갑을 여는 것이다. 하지만 결과는 어떤가. 늘 그렇듯이, '역시나'다. 지금껏 오지 않던 행운은 이번에도 어김없이 나를 비껴간다.

그렇다면 매주 나와 다를 바 없는 평범한 그들이 인생 역전의 행운을 거머쥐는데 왜 내게는 그런 행운이 오지 않는 것일까? 왜 나는 매번 엉뚱한 숫자만 고르는 것일까? 이유는 로또복권의 당첨 확률 속에 있다.

조사에 의하면, 로또복권의 당첨 확률은 무려 814만분의 1이라고 한다. 숫자만으론 쉽게 짐작조차 되지 않는 814만분의 1이라는 확률은 우리가 흔히 '기적'이라고 말하는 일이 일어날 확률과 다를 바 없다.

로또복권 당첨 확률과 비슷한 확률로 꼽히는 것들을 소개하자면, 첫 번째가 '63빌딩에서 뛰어내려 죽지 않고 살아 있을 확률'이다. 로또를 구입하며 1등을 기대하는 것이 63빌딩에서 뛰어내리면서 죽지 않고 살아남기를 바라는 것과 같다니! 로또 한 장의 값이 63빌딩에서 뛰어내리는 것처럼 목숨을 온전히 내놓아야 하는 정도의 무게라면 814만분의 1의 확률에 '혹시나' 하며 도전을 외칠 사람이 누가 있을까.

로또복권 당첨 확률과 비슷한 확률로 꼽히는 일 중 두 번째는 '길을 가다가 만난 불특정한 누군가의 휴대폰 번호를 맞히는 확률'이다. '말도 안 돼, 그게 가능한가!'라고 생각하는 그 황당함만큼이나 로또 1등의 당첨은 현실과는 거리가 먼 동화 속 별나라의 이야기다.

세 번째는 '3대가 연속해서 벼락에 맞을 확률'이다. 할아버지가 벼락을 맞고 아버지가 또 벼락을 맞고 아들이 어김없이 또 벼락을 맞는, 그렇게 3대가 연이어 벼락을 맞을 확률! 엽기 코미디의 소재로나 쓰일 법한 이 일 역시 꿈에서나 가능한 일이 아닌가 싶다.

위의 세 가지 경우를 보며 '그게 말이나 돼?', '그게 어떻게 가능해!'라는 생각을 했다면, 로또 당첨의 희망에 대해서도 그렇게 냉정한 태도를 유지할 필요가 있다. 매주 '혹시나'와 '역시나'를 반복할 것이 아니라 애초에 '역시나'의 기억부터 먼저 떠올려 지갑을 굳게 닫아야 한다.

"그냥 기대하는 것도 안 되나요?"

안 된다. 일어나지도 않을 헛된 희망 때문에 당장 지갑에서 돈이 새어 나가고, 마음에서 의욕이 사라져 간다.

만약 매주 다섯 장의 로또를 산다면 한 달이면 2만 원의 돈이 허투루 나가는 꼴이다. 게다가 그 돈을 주고 산 것은 다름 아닌 '절망'이다. 매주 쓰레기가 되는 복권을 내려다보며, 의욕과 열정을 갉아먹는 못난 생각을 반복하게 된다.

"역시 나는 안 돼, 나는 운이 없는 사람이야, 나 같은 게 부자가 된다는 건 욕심이지."

이런 마음으로 다시 여는 일주일이 힘이 날 리가 없다. 굳이 돈을 지불하면서까지 매주 절망을 구입하며 삶의 희망을 갉아먹을 필요가 있을까? 차라리 그 돈을 저축하면 매달 2만 원씩 통장이 더 살찌게 된다.

'그까짓' 만 원의 힘

평균 연령 100세 시대에 은퇴 자산 10억 원은 이제 선택이 아닌 필수가 되었다. 부부의 생활비로 한 달에 250만 원을 사용한다고 가정할 때 별다른 수입원이 없다면 10억 원은 남은 시간을 버티기 위한 필수 자산이다.

그렇다면 과연 월급으로 10억 원 모으기가 가능할까? 물가 상승으로 돈의 가치가 많이 떨어졌다지만 그래도 평범한 월급쟁이에게 억은 여전히 억 소리 나는 큰돈이다. 더군다나 10억 원이라니! 아무리 생각해도 10억 원은 로또에 당첨되지 않고서는 결코 손에 쥘 수 없는 큰돈처럼 여겨진다. 하지만 부지런히 벌고 열심히 저축해서 그것을 가능하게 만든 사람들도 분명 있다.

직장 생활을 하는 30년의 시간 동안 한 달에 120만 원 정도를 연복리 5% 상품에 저축하면 10억 원을 모으는 것은 가능하다.

평범한 직장인이 매달 120만 원을 저축하는 것은 무척이나 힘겨운 일이다. 하지만 완전히 불가능한 일도 아니다. 그러니 처음부터 힘들다며 포기하기보다는 조금 더 열심히 일하고 조금 더 절약하는 노력을 통해 장수를 재앙이 아닌 축복으로 만들 필요가 있다.

63빌딩에서 뛰어내려 죽지 않을 확률에 기대서는 결코 부자가 되지 못한다. 일확천금의 대박은 목숨을 내걸어도 얻기 힘들뿐더러, 설령 814만분의 1 확률로 천운이 온다고 해도 돈을 지켜내기가 쉽지 않다. 땀 흘려 번 돈이 아니기에 쉽게 쓰게 되고, 요행으

로 번 돈이기에 다시 요행에 기대며 여기저기에 헛된 시도를 하
게 된다.

부자가 되기를 바란다면 814만분의 1이라는 허황된 확률이 아
닌 호주머니 속 돈 만 원의 힘을 믿어야 한다.

"만 원, 그까짓 것 더 벌어서 뭐 하게?"

"만 원, 그까짓 것 더 아껴서 뭐 하게?"

고물가 시대로 접어들면서 언젠가부터 만 원짜리 한 장은 있어
도 살고 없어도 사는 돈이 되었다. 그런데 '그까짓' 만 원이 갖는
힘은 생각보다 크다.

하루 만 원을 더 벌고, 하루 만 원을 더 아꼈다고 가정해보자.
하루 2만 원이라는 돈이 지갑에 차곡차곡 쌓이게 된다. 이것을 한
달간 모으면 60만 원이고, 1년간 모으면 720만 원이다. 그리고
10년이면 7,200만 원이 된다. 이자나 투자 수익을 고려하지 않은
순수한 원금만으로도 이 정도의 금액이 모이는데, 누가 만 원을
두고 감히 '그까짓 것'이란 말을 할 수 있겠는가.

더군다나 하루에 만 원을 더 벌고, 하루 만 원을 더 아껴서 생
긴 2만 원을 매달 연 복리 5%의 투자 상품에 넣는다면 10년 뒤엔
9,290만 원(세전)이 넘는 큰돈으로 불어난다. 그리고 20년 후엔 2
억 4,440만 원(세전)이 넘는 돈이 되는 놀라운 일이 벌어진다. 더
군다나 2억 4,440만 원 중에서 20년간 저축한 원금 1억 4,400만
원을 제하면 이자 수익만 1억 원이 된다.

이처럼 돈은 시간과 만나면 상상 이상의 힘을 얻게 된다. 천 원

이든 만 원이든, 부자들이 푼돈도 허투루 여기지 않는 이유가 여기에 있다. 당장은 만 원짜리 한 장일지 몰라도 그것은 시간과 비례해 눈덩이처럼 불어나 엄청난 힘을 갖게 된다.

부란 게으르고 나태한 사람에게는 복권처럼 하늘이 내려주는 운에 기대어야만 얻을 수 있다. 하지만 부지런하고 성실한 사람에게는 한 방울 한 방울의 땀을 모아 스스로 만들어가는 것이다. 일확천금의 헛된 꿈이 아닌 한 방울의 땀으로 얻어지는 진실한 돈으로 계획적이고 체계적으로 살아간다면 누구든 목표로 하는 자산을 모으고 행복한 부자가 될 수 있다.

끊임없이 몸값을 올려라

"쥐꼬리만 한 월급으로 저축은 언감생심 꿈도 못 꾸죠."

"돈이 있어야 저축을 하죠. 한 달 벌어서 한 달 먹고살기도 빠듯해요."

저축하지 않는 사람들의 가장 큰 변명이 '돈이 없어서'다. 저축하는 사람들은 여윳돈이 있어서 가능한 것이니, 돈이 없는 자신이 저축하지 않는 것을 당연하다 여긴다. 하지만 엄청난 착각이다.

저축하는 사람들은 돈이 많거나 여유로워서 하는 것이 아니다. 부족한 돈이지만 아끼고 모아서, 즉 돈을 만들어서 한다. 그리고 그 시작은 항상 월급과 같은, 일을 통해 들어오는 꾸준한 수입이다. 이런 이유로 많은 전문가들이 부자가 되기 위해서는 월급을 잘 관리하여 더 많은 씨앗을 심으라고 조언한다. 탐스러운 열매가 주렁주렁 열린 풍성한 나무의 시작은 하나의 작은 씨앗이었으니, 그 씨앗을 많이 심으면 더 많은 나무가 자라고, 더 많은 열매가 맺힐 것이기 때문이다.

나는 월급을 잘 관리하라는 조언에 '월급을 살찌우고 월급이 끊이지 않게 하라'는 또 하나의 조언을 덧붙이고 싶다. 빤한 월급, 쥐꼬리만 한 월급을 쥐어짜서 꾸준히 저축하는 건 힘들기도 하거니와 한계 또한 분명하다. 그래서 월급을 더 살찌울 수 있도록 능력을 키울 필요가 있다. 또한 더욱 길어진 노후의 삶을 풍성하게 준비하려면 월급의 수명 또한 길게 늘려두어야 한다.

회사는 망해도 내 능력은 남는다

급여 생활자든 사업 소득자든 기본적인 생활을 하기 위해서는 일을 통한 소득 창출이 지속적으로 이루어져야 한다. 그리고 저축과 투자 등을 통해 부자가 되기 위해서도 소득은 끊이질 않아야 한다. 소비와 지출을 통제하며 야무지게 가정경제관리에 첫발을 내디뎠는데 몇 달도 안 돼 월급이 끊어진다면 당혹스러울 수밖에 없다.

첫 단추를 잘 끼워야 한다는 말처럼 첫 직장과 직업의 선택은 아주 중요하다. 월급이 인생의 머니트리를 가꿔줄 소중한 씨앗인 만큼 하루의 긴 시간, 일생의 오랜 기간을 직장에 헌신해야 한다. 직장에서의 업무가 자신과 잘 맞지 않는다면 여간 곤혹스러운 게 아니다. 따라서 일찍 취업하거나 많은 월급을 주는 곳을 선택하는 것보다 더 중요한 것은 직장에서의 업무가 자신과 잘 맞는지를 판단하는 것이다. 즉, 열정을 다할 만한 일인지를 최우선으로 고려해야 한다.

이를 위해서는 '내가 좋아하는 일인가?', '내가 잘할 수 있는 일인가?'를 자신에게 물어봐야 한다. 좋아하고 잘하는 일이라면 누가 시키지 않아도 열정을 다할 것이고, 그러다 보면 업무에 대한 전문성도 향상되고 회사와 함께 성장할 것이다. 설령 회사가 이런저런 이유로 사라진다고 해도 여전히 자신의 전문성은 남아 있기에 재취업의 가능성도 그만큼 커진다.

안타깝게도 나는 첫 직장을 잘못 선택했었다. 내가 무엇을 좋아하고 잘하는지는 전혀 고려하지 않은 채 그저 취업이 잘 된다는 곳으로 줄을 선 탓이다. 대학에서 건축공학을 전공하고 졸업 후 첫 직장으로 건설회사에 들어갔다. 그곳에서 6년을 일하던 해에 덜컥 회사가 망했다. 대학 공부까지 합하면 10년을 한 분야에서 일한 셈이라 난감할 만도 했지만, 나는 오히려 그 기회에 과감히 핸들을 돌려보자고 생각했다. 서두르기보다는 내가 정말로 좋아하고 열정을 다할 수 있는 분야를 찾아서 제대로 단추를 끼워보고 싶었다.

홀어머니 아래서 가난하게 살았던 기억 때문인지 나는 돈을 벌고 부자가 되는 것에 관심이 많았다. 은행원은 돈과 관련된 업무를 하다 보니 아무래도 돈을 모으고 불리는 것에 대한 고급 정보를 접할 기회가 많을 듯했다. 게다가 당시에도 은행원은 공무원

만큼이나 안정적인 직업으로 알려져 있었다. 그리고 사람들을 만나서 돈과 관련된 상담을 해주는 것도 나의 적성과 잘 맞았다.

나름의 냉철한 분석과 고민 끝에 나는 은행에 취업했고, 이후 16년 동안 은행과 증권회사를 거치며 금융인의 길을 걸었다. 금융인으로 근무하는 동안 내 분야의 다양한 자격증을 취득한 것은 물론이고, 은행과 증권사의 임원 자리까지 올라 억대의 연봉을 받았다. 하지만 나는 46세가 되던 해에 홀연히 증권사의 임원 자리를 박차고 나왔다.

증권사 임원의 억대 연봉은 무척이나 달콤했지만 그것이 퇴직 이후의 삶까지 보장해줄 수는 없다고 생각했다. 나는 눈앞의 만족보다는 미래를 준비하는 것을 선택했다. 금융업과 관련한 창업을 결심한 것이다.

너무 이른 나이에, 그것도 억대 연봉까지 포기하면서 창업할 필요가 있느냐는 염려의 말도 있었지만 내 생각은 달랐다. 나는 노후의 삶을 준비하기 위해선 변화의 방향을 읽고 남들보다 먼저 그곳으로 진출해서 경험과 전문성을 쌓을 필요가 있다고 판단했다.

금융업에 종사하는 동안 내가 좋아하는 일이 무엇인가를 생각해보니 강의하는 것, 사람을 만나 대화하고 상담하는 것, 재정 컨설팅을 하는 것 등이었다. 그래서 나는 창업을 결정했고, 지난 15년 동안 꾸준히 한길을 걸으며 금융전문가로서의 능력과 경험을 더욱더 키워나가고 있다.

미래의 변화된 세상에선 직장은 사라지고 직업만 남는다고 한다. 나는 이 말을 자신의 분야에서 전문성을 갖추면 회사는 망해도 살아남을 수 있다는 말로 해석한다. 그런데 전문성을 갖추기 위해서는 무엇보다 자신이 좋아하는 일, 잘하는 일을 선택해야 한다. 그래야 속도나 성과에 연연하지 않고 끝까지 노력하며 열정적으로 나아갈 수 있다.

자신이 좋아하고 잘하는 분야에서 한 우물을 파며 꾸준히 성장하되, 세상의 변화와 큰 흐름에 관심을 두고 미래를 전망해볼 필요도 있다. 그리고 이러한 변화와 전망에 맞춰 자신의 직업적인 능력과 형태의 적절한 진화 또한 필요하다. 내가 40대 중반의 나이에 안정적인 자리를 던지고 창업을 선택했던 것도 이런 이유에서다.

물론 나처럼 꼭 사표를 던지고 나와서 노년을 대비하기 위한 새로운 직업을 찾으라는 말은 아니다. 대신 현재 일하는 분야에서 자신만의 전문 콘텐츠를 갖추고, 퇴직 이후의 직업까지 미리 설계하고 준비를 해두어야 한다는 것이다. 자신의 업과 관련된 부분에 끊임없이 관심을 두고 계발을 하다 보면 잘할 수 있는 부분을 발견할 수 있고, 그것들이 수입으로 연결되거나 옮겨가는 상황이 될 수 있다. 이런 자연스러운 흐름을 통해 편안하고 안정적인 노년의 설계가 가능한 자신만의 영역을 점차 찾아가면 된다.

노력과 능력이 곧 연봉이다

2018년 취업포털사이트인 잡코리아가 직장인 661명을 대상으로 조사한 결과, 응답자의 67.8%가 현재 자기계발을 하는 중이라고 대답했다. 그리고 자기계발의 이유로 이직 준비(38.4%), 자기만족(29.5%), 업무 역량 향상(19%), 노후 일자리 대비(12.5%) 등을 들었다. 또 이들은 퇴근 후, 잠들기 전, 자투리 시간 등을 활용해 자신의 직무와 관련된 분야, 평소 관심이 있던 분야, 외국어, 컴퓨터 등을 공부하는 것으로 나왔다.

이런 꾸준한 자기계발은 업무 능력을 향상할 뿐만 아니라, 현재의 직장에서 능력을 인정받게 해주고 그만큼 승진의 기회도 높아진다. 또한 그 분야에서 전문성을 갖추도록 도와줘 유사 분야의 서브잡을 가질 기회도 늘어난다.

실제로 요즘은 여러 개의 명함을 가진 사람들이 적지 않다. 지인 중 한 분은 본인 직업이 따로 있지만, 뛰어난 영어 실력을 이용해 프리랜서로 영어 번역 일을 한다. 덕분에 주업에만 매달릴 때와 비교해 수입도 확연하게 늘어나 미래를 더 탄탄하게 준비하고 있다. 또 서브잡으로도 수입이 어느 정도 유지되니 이직 등 본업에 대해 고민할 때도 좀 더 적극적이고 능동적으로 결정할 수 있다.

물론 자신이 다니는 회사가 안정적이고 좋은 회사여서 오래도록 다니면 더없이 좋을 것이다. 하지만 돈이 나오는 창구를 주업

만이 아닌 다른 여러 군데로 마련해둘 필요가 있다. 그리고 이러한 서브잡들이 현재 자신의 본업과 관련된 분야라면 전문성을 확장하고 키워가는 데도 도움이 되고, 업무적으로도 시너지 효과를 낼 수 있다.

더불어 자신의 직장과 직업의 안정을 깨뜨릴 예상치 못한 변수들에 대한 대비도 미리 해두어야 한다. 이직이 아니더라도 직장에서 퇴사해야만 하거나 회사가 문을 닫거나 하는 일이 벌어질 수 있다. 하던 사업이 갑자기 망하거나 혹은 그 직종이 없어지는 일이 생길 수도 있다. 또는 큰 병을 얻거나 예기치 않게 사고를 당해 더 이상 직장에 다닐 수 없는 일이 발생할 수도 있다. 그러면 일순간 수입원이 사라지고 돈을 벌 수 없게 된다. 그런 사회적 변화에 따른 직업의 변화도 예상하고 미리 준비해야 한다. 이를 위해선 평소에 꾸준히 책, 뉴스, 인터넷 등을 통해 사회, 경제 등 다양한 영역의 정보를 접하고 큰 트렌드를 읽는 노력이 필요하다.

◎ Check! 마르지 않는 샘을 준비하라 ◎

가정경제관리에서 더하기의 중요한 포인트는 수입이 끊어지지 않도록 한다는 데 있다. 우리가 삶을 건강하게 살아가려면 돈을 많이 모아두는 것도 좋지만, 무엇보다 돈의 흐름이 끊어지지 않아야 한다. 즉, 모아둔 돈을 야금야금 갉아먹고 사는 삶이 아닌 평생 현금이 지속적으로 흘러들어 오는 삶을 살아야 한다.

은퇴 후에 제일 중요한 것도 현금이 아닌 현금의 흐름이다. 지속적인 수입원이 중요하기에 노후의 삶을 대비해 일반적으로 연금에 가입하게 된다. 전문가들은 이를 두고 '마르지 않는 샘을 준비한다'라고 표현한다. 목이 마르면 언제든 샘에 가서 물을 떠 마실 수 있지만 샘의 물이 말라버리면 이후론 물을 마실 수가 없다.

마르지 않는 샘을 위해 '연금'이라는 안전장치를 준비하는 것 외에도 자신의 전문성을 활용해 노년의 지속적인 수입을 창출할 곳을 마련해두는 것도 아주 중요하다.

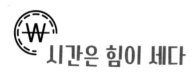

시간은 힘이 세다

"월급의 70%를 무조건 저축하십시오!"

대기업, 공기업을 비롯한 여러 회사의 신입사원들에게 가정경제관리에 대해 강연할 때마다 내가 항상 강조하는 말이다.

"그게 가능한가요?"

"왜 못 하죠? 우리 아들도 하는데."

실제로 내 아들은 취업 후 곧장 월급의 70%를 저축하기 시작해서 만 2년이 지난 시점에 4,500만 원이 넘는 돈을 모았다. 이 이야기를 들려주면 다들 벌어진 입을 다물지를 못한다. 그런데 계산을 해보면 그다지 감탄할 만큼의 대단한 일은 아니다.

미혼인 경우 월급에서 70% 정도를 뗀다고 해서 생활이 그렇게 궁핍해지지는 않는다. 특히 부모님 집에서 생활하는 경우는 대학 시절의 용돈보다 더 여유로운 씀씀이가 될 수도 있다. 아들 역시 월급 250만 원의 70%인 180만 원을 저축하고도 70만 원 정도를 용돈으로 쓰면서 2년 넘도록 큰 불편함 없이 잘 실천하고 있다.

부모님 집과 본인의 직장이 있는 지역이 달라 어쩔 수 없이 집을 따로 구해서 살아야 한다면 월급에서 집 임대료를 제외한 나머지 금액의 70%를 저축하면 된다. 학자금 대출상환액과 부모님 생활비 지원 등이 있는 경우도 마찬가지로, 그 돈을 뺀 나머지 금액의 70%를 매달 저축하면 된다. 그리고 70%가 너무 팍팍하다고 생각되면 50%로 줄여도 된다. 저축액의 크기보다 더 중요한 것은 지출 관리를 일찍부터 시작한다는 데 있다. 그래야 저축이 습관으로 자리 잡을 수 있기 때문이다.

소비와 지출을 통제해서 저축을 습관으로 굳힌 사람들은 이후 소득이 줄거나 결혼과 출산 등으로 지출 규모가 증가해도 결코 저축을 소홀히 하지 않는다. 저축이 이미 습관화되었기에 절약하는 생활이 그리 힘들지도 않을뿐더러, 무엇보다 꾸준하게 모아온 돈이 시간과 만나면서 상상 이상의 엄청난 힘을 발휘한다는 것을 잘 알고 있기 때문이다.

돈 관리, 어릴 때부터 가르쳐라

다행히 요즘은 신입사원 때부터 저축하고 돈 관리에 신경을 쓰는 사람들이 점차 늘어나는 추세다. 이른 시기부터 가정에서 합리적인 소비와 저축의 필요성을 교육하고 실천함으로써 돈 관리가 몸에 밴 덕분일 것이다.

내 아들이 첫 월급부터 실수령액의 70%를 꾸준히 저축할 수 있었던 힘 역시 오랜 시간 가족 모두가 가정경제관리를 통해 합리적인 소비와 충분한 저축을 실천해온 데서 비롯되었다. 다음 장에서 더욱 자세히 설명하겠지만, 우리 가족은 1만 원 이상의 소비에 대해서는 '필요인가, 욕구인가?'를 물어 서로를 통제해준다. 게다가 이것이 가정경제관리 시스템으로 정착되다 보니 어느 순간부터는 본인 스스로가 필요인지, 욕구인지를 물어 자율적으로 소비를 통제해 나가고 있다. 덕분에 돈을 쓸 곳은 줄어들고, 저축은 필요한 만큼 충분히 할 수 있게 된 것이다.

"우리는 허리띠를 졸라매어도 아이들만큼은 하고 싶은 것, 갖고 싶은 것 다 해주고 싶어요."

세상 모든 부모의 마음이 그럴 것이다. 나라고 어찌 그렇지 않았겠는가. 하지만 아낌없이 퍼주는 것만이 사랑은 아니다. 자녀에 대한 사랑은 더욱더 그러하다. 부모가 물러난 그 자리에서 자녀 스스로 씩씩하게 나아가게 하려면 물고기를 잡아주기보다는 물고기 잡는 법을 가르쳐주어야 한다.

돈 관리도 마찬가지다. 부모가 아끼고 모아서 아이를 풍족하게 해줄 것이 아니라 함께 아끼고 모으는 실천을 통해 아이가 스스로 돈을 리드할 수 있도록 힘을 키워주어야 한다.

40~50대를 대상으로 가정경제관리에 대해 강의할 때면 나는 가정에서 자녀들에게 최대한 일찍부터 돈 관리를 가르치시라고 조언한다. 간혹 아들 이야기를 사례로 들려주기도 하는데, 그럴

때마다 다들 깜짝 놀란다. 심지어 본인의 아들은 대기업에 입사한 지 5년이 넘었는데 모아놓은 돈이 땡전 한 푼도 없다며 한숨을 내쉬는 분도 있다.

강의를 마칠 즈음엔 다들 본인 스스로 좀 더 일찍 돈 관리를 시작하지 못한 것과 자녀에게 어릴 때부터 돈 관리를 교육하지 못한 것에 대해 크게 후회를 한다. 그러면 나는 지금이라도 늦지 않았으니 무조건, 당장 시작하라 조언한다. 늦었다면서 아예 하지 않는 것보단 지금부터라도 꾸준히 실천하는 것이 더 낫기 때문이다.

미루는 습관의 함정

"저축은 다음 달부터!"

저축을 미루는 사람들의 변명은 대부분 비슷하다. 저축보다 더 중요한 지출이 있다거나, 아직은 수입이 넉넉하지 않아서 저축할 만한 상황이 아니란 것이다.

"지금이 아니면 언제 나를 위해서 돈을 써봐요? 결혼하면 생활비도 더 많이 들 테고, 아이까지 태어나면 돈 쓸 일이 여기저기서 생겨날 텐데."

20대 신입사원들은 결혼하면 돈 쓸 곳이 늘어날 것이라며 지금은 자신만을 위한 소비에 집중해보고 싶다고 말한다. 틀린 말은 아닌 듯하다.

그렇다면 30대는 어떤가. 결혼하느라 빚내어 집을 장만하고, 아이가 태어나면 당분간은 맞벌이도 힘들다. 육아비와 생활비, 대출이자까지 오롯이 혼자서 감당해야 하니 저축은 점점 더 어려워진다. 40대는 자녀교육비로 많은 돈이 지출될 시기라 또 저축은 뒷전이 된다. 50대에 와서야 위기감을 느끼고 노후를 대비하며 저축을 해보지만 자녀 결혼이라는 중대사가 코앞에서 기다리고 있다.

이런저런 이유를 대며 미루기 시작하면 저축하기에 좋은 시기는 결코 오지 않는다. 오히려 30대가 되면 혼자였던 20대 때 돈을 좀 아껴서 저축할걸, 40대가 되면 아이에게 교육비가 많이 들지 않던 30대 때에 돈을 좀 모아둘걸 하면서, 지나간 시간을 후회할 뿐이다.

"내일부터 해야지."

"다음 달에 시작해도 될 거야."

사람들은 저축이나 투자의 중요성을 이해한 뒤, 그것을 실행하겠다고 결심하고 나서도 실제로 실행하기까지 시간이 오래 걸리는 경우가 많다. 저축의 최적기는 늘 '지금'이다. 이미 지나간 시간을 되돌려 저축 시기를 앞당길 수는 없지만, 더 늦어져서 후회하는 것은 막을 수 있다. 그러니 지금이라도 당장 저축을 시작해야 한다.

〈60세 노후 자금 5억 원을 만들기 위한 적립 금액〉

나이	매월 적립 금액
20세	335,894원
30세	610,726원
40세	1,227,121원
50세	3,225,972원

※ **연평균 수익률 5% 가정 시**(세금이나 인플레이션은 감안하지 않음)

60세에 5억 원의 노후 자금을 만드는 것을 가정해보자. 60세에 5억 원을 만들기 위해서 5%짜리 연 복리 상품에 적립식으로 투자한다면 매월 얼마씩 저축해야 할까?

만약 20세 때부터 시작한다고 가정할 경우, 매월 33만 원 정도씩 저축하면 60세에 5억 원을 받게 된다. 그런데 20세는 학생 신분인 경우가 많아 수입이 있더라도 용돈과 아르바이트로 번 돈이 전부다. 아껴 쓰더라도 매월 33만 원 정도를 저축할 수는 없다. 그래서 저축은 정식으로 취업한 후부터 하겠다며 10년 정도 뒤로 미루게 된다.

30세. 취업하여 월급을 받기 시작한다. 60세에 5억 원의 노후 자금을 만들기 위해 30세부터 시작한다면 매월 61만 원 정도를 저축해야 한다. 마음만 먹으면 그 정도의 금액은 저축할 수 있다. 하지만 하고 싶은 것도 많고 쓰고 싶은 것도 많아, 진급하여 돈을 좀 더 많이 벌었을 때 저축하겠다고 생각하고 10년 정도 또 미루기로 한다.

이제 40세. 월급도 꽤 올랐다. 60세에 5억 원의 노후 자금을 만들기 위해 40세부터 시작한다면 매월 122만 원 정도를 저축해야 한다. 하지만 이 액수는 무척이나 부담스러운 돈이다. 더군다나 내 집 마련을 하느라 받은 대출금의 원리금을 내야 하고, 자녀의 사교육비 등 적지 않은 돈이 지출되어야 한다. 그래서 앞으로 더 진급하거나 사업을 해서 사장이 됐을 때 저축하겠다고 생각하고 10년 정도 또 미루기로 한다.

이제 50세가 되었다. 60세에 5억 원의 노후 자금을 만들기 위해 50세부터 시작한다면 매월 322만 원 정도를 저축해야 한다. 50대에 매월 500만 원을 저축할 수 있는 사람은 흔치 않다.

오늘 힘들다고 해서 저축을 내일로 미루면 목표 금액을 달성하기 위해서 매월 저축해야 하는 금액이 점점 늘어나게 된다. 그 결과 결국 저축을 아예 못 하거나 적게 하게 되어 원하는 삶을 누릴 수 없게 된다.

◎ Check! 자녀의 용돈교육을 통해
돈은 일과 땀으로 얻어야 가치가 있음을 가르치자 ◎

∨ 첫째, 돈이 필요하면 필요한 금액과 이유를 적게 하자. 이때 정말
필요한 것인지 단순히 갖고 싶거나 하고 싶은 욕구인지를 아이 자

신에게 물어보게 한다.

∨ 둘째, 납득할 만한 지출인 경우 필요한 금액의 50% 이내로만 지원해주자.

∨ 셋째, 나머지 금액은 집안일을 돕거나 심부름 등으로 스스로 벌기에 참여하게 하자. 돈은 일과 땀으로 얻어진다는 것을 가르침으로써 돈을 소중하게 생각하는 마음을 키워줄 수 있다.

∨ 넷째, 용돈을 아껴 쓰면 적절한 보상을 해준다. 이때 소비성 보상보다는 저축 습관을 길러주는 보상이 좋다. 예를 들면, 한 달 용돈 5만 원 중 2만 원을 남기면 부모가 2만 원을 더 보태어 남은 용돈의 2배를 저축해주는 것이다. 이때 한도액을 원래의 용돈(5만 원)으로 설정해두면 부모가 지나치게 큰 보상을 해주지 않아도 되고, 아이도 더 큰 보상을 받기 위해 극단적으로 용돈의 지출을 통제하는 부작용을 막을 수 있다.

정보에 깨어 있어라

"우체국으로 가려면 어디로 가야 하죠?"

"이 길로 쭉 가다가 왼쪽 길로 들어서서 5분쯤 가다가 다시 오른쪽으로 꺾어서 5분 정도 쭉 가면 됩니다."

목적지까지 가는 길을 아주 세세하게 가르쳐주니 감사한 일이 아닐 수 없다. 그런데 열심히, 시키는 대로 걸어간 그 길의 끝에 전혀 다른 엉뚱한 것이 기다리고 있다면 이 얼마나 황당할까. 차라리 모른다는 답을 들은 것이 더 고마울 뻔했다.

10여 분의 시간과 발품을 허비한 것으로도 이토록 황당하고 어이가 없는데, 몇 년간 허리띠를 졸라매고 모은 큰돈을 전혀 엉뚱한 정보에 홀려 모두 잃게 된다면 얼마나 허무할까.

2008년 6월, 육군 박 모 중위 등이 일으킨 400억 원대 금융사기 사건이 있었다. 이는 창군 이래 군이 연루된 사기사건 중 최대 피해 금액으로, 5,000만 원 이상의 피해자도 200명이 넘는 충격적인 사건이었다. 게다가 주된 피해자도 동료 및 선후배인 부사

관과 장교들이었다.

이 사건은 박 중위가 고수익을 미끼로 '3개월 안에 50% 이상의 수익을 내어 돌려주겠다'라며 동료 군인과 민간인들로부터 총 400억 원을 받아 가로챈 사건으로, 박 중위를 포함한 가해자 14명은 유사수신행위의 규제에 관한 법률 위반으로 구속됐다.

가해자들은 법의 심판을 받았지만 피해자들은 투자했던 돈을 돌려받지 못해 고통을 그대로 떠안아야 했다. 심지어 당시 현역 장교였던 피해자 중 한 명은 사채까지 끌어와 투자한 탓에 높은 이자와 원금상환의 부담을 이기지 못해 스스로 목숨을 끊기까지 했다. 이를 두고 한 언론 매체는 '돈이 총알보다 더 무섭다'라는 표현을 썼을 정도로 피해 군인들에게는 상상조차 하지 못했던 끔찍한 사건이었다.

길을 모르면 늪에 빠지기 쉽다

군인들을 대상으로 가정경제관리와 관련된 강의를 하다 보면 민간인보다 정보에 취약한 군인들이 재무적 위험에 많이 노출되어 있다는 걸 느낀다. 민간인들은 원한다면 언제든 금융 동향과 정보에 집중할 수 있다. 출근길에는 신문이나 스마트폰으로, 회사에서는 인터넷으로, 쉬는 시간에 또 스마트폰으로 원하는 정보를 찾아볼 수 있다.

그런데 군인들은 어떤가. 군인의 특성상 훈련과 고유 업무 등으로 금융 동향과 정보에 집중하기가 어렵다. 정보를 볼 수는 있지만 관심을 두고 집중해서 볼 수 없으니 정확한 정보를 얻기 어렵다. 또 정보가 부족하다 보니 판단력이 흐려지고, 유혹에도 쉽게 흔들리게 된다.

'3개월 안에 50% 이상의 수익'은 누가 들어도 허무맹랑한 말이다. 3개월에 50%의 수익은 연간 수익으로 환산하면 200%다. 2008년도의 시중 금리가 연 5%대였으니, 이 수익은 시중 금리에 비해 무려 40배 이상이다. 일반적인 상식으로 선뜻 이해가 되지 않는 이 말에, 민간인 100여 명과 700명이 넘는 현역 군인들이 속아서 큰 피해를 보았다.

왜 이런 일이 발생했을까? 고수익이라는 유혹에 넘어간 욕심도 문제겠지만, 무엇보다 나는 군인들의 정보 부족이 가장 큰 원인이라고 생각한다. 2008년 당시에도 고수익을 약속하고 투자자를 끌어들이는 금융피라미드 사기가 이미 사람들 사이에 널리 알려져 있었다. 하지만 군인들은 정보에 취약하다 보니 대략 그런 일이 있다는 것만 알 뿐, 실제로 자신에게 그 일이 일어났을 때 자신을 속이려는 행위란 것을 정확하게 인지하지 못한다.

실제로 당시 국방부의 한 관계자는 언론과의 인터뷰를 통해, "박 중위가 투자금을 모은다는 첩보 보고는 있었지만, 법률 전문가가 아니다 보니 유사수신행위가 어떤 범죄인지 제대로 알지 못했다"라고 말했다. 뭔가 이상하다는 낌새는 있었으나 유사수신행위라는 범죄에 대한 정확한 정보가 없으니 긴가민가했던 것이다.

유사수신행위란 합법적이고 정상적인 형태의 금융기관이 아닌 곳에서 불특정 다수로부터 투자금이라는 명목으로 돈을 받는 행위를 말한다. 유사수신행위 관련 범죄를 저지르는 사람들은 주로 "원금을 돌려준다", "매월 ○○%의 수익을 보장한다"와 같이 원금 보장과 고수익을 동시에 약속한다. 그리고 투자 방법에 대해서도 제법 구체적으로 설명을 해주어 의심을 덜어준다. 또 처음에는 실제로 약정한 수익과 원금을 돌려주기도 하는데, 이는 투자자들에게 믿음을 심어준 뒤에 판의 규모를 키워 더 많은 돈을 챙기기 위한 전략이다.

유사수신행위와 같은 금융사기의 피해자는 비단 군인들만은 아니다. 민간인들도 정보가 부족하거나 잘못된 정보를 접하게 되면 올바른 판단을 하기가 힘들다. 실제로 군인들 외에도 정보에 취약한 사람들이 노년층인데, 직장인보다 사람과의 교류가 적고 만나는 사람도 제한적이라 거짓 정보에 노출되면 쉽게 믿고 빠져드는 경향이 있다.

우리를 위험에 빠뜨리는 거짓 정보는 대부분 은밀하게 다가온다. "우리끼리 하는 말인데", "다른 사람들한테는 비밀인데"와 같이 마치 내게만 특별하게 찾아온 기회처럼 들리게 한다. 그리고 "이번이 마지막 모집이다", "인원이 거의 다 차서 딱 한 명만 더 채운다"와 같이 당장 하지 않으면 안 되게끔 몰아간다.

유사수신행위를 이용한 금융사기의 구체적인 수법에는 다소의 차이가 있겠지만 큰 맥락은 대부분 비슷하다. 그러니 원금 보장과 고수익을 약속한다고 하면 일단 귀부터 막아야 한다. 더 들어보고 판단하자며 귀를 열기 시작하면 더욱 유혹에 빠져들게 되어 이성적인 판단을 하지 못하게 될 위험이 크다.

열심히 일해 부지런히 돈을 모으더라도 투자와 관련된 전반적인 정보가 부족하면 허황된 위험에 현혹되어 금융사기를 당하거나, 잘못된 금융 상품에 가입하거나, 꼭 받아야 할 혜택을 누리지 못하게 될 수 있다. 아는 만큼 보이는 법이니, 행복한 부자가 되기 위해서는 평소 정확하고 풍족한 금융 정보를 채워둘 필요가 있다.

◎ Check! 투자 vs 투기 ◎

"만약 당신이 1억 원의 자산을 1년간 금융기관에 투자한다면 얼마의 수익을 기대하는가? 참고로 2018년을 기준으로 은행의 1년 정기예금의 금리는 2%다."

이와 같은 질문을 하면 답은 천차만별이다. "은행 금리가 2%이니 그 2배인 4% 정도는 돼야 하지 않겠느냐", "투자 상품은 원금을 보장받을 수 없으니 리스크를 감당하는 비용까지 고려해서 수익이 10%는 되어야 한다", "투자는 모름지기 20% 정도의 수익이 나야 제맛이 아닌가" 등등 저마다의 답이 다르다.

그런데 위의 답들을 살펴보면 투자와 투기가 명확하게 구분된다. 투자와 투기는 다름 아닌 '상식'을 기준으로 한다. 기대하는 수익이 상식 수준이면 투자지만 상식을 넘어서면 이는 투자가 아닌 투기다.

투기에 쉽게 걸려드는 사람은 자신의 마음이 먼저 투기를 바라고 있기에 상대의 유혹에 덜컥 걸려드는 것이다. 마음이 상식을 기준으로 한다면 고수익의 유혹이 투기임을 금세 눈치챌 수 있다.

대부분의 투자에서 낭패를 보는 것이 이런 투기의 마음 때문이다. 흔히들 주식시장은 악마와 같다고 말한다. 하지만 엄밀히 말하면 주식시장이 악마인 것이 아니라 주식시장에 들어가는 사람의 마음 자세가 악마인 것이다. 상식 이상의 수익을 기대하니 평정심을 잃어 유혹에 빠지게 되고, 중심을 잃은 채 이리저리 흔들리니 돈도 이리저리 흘날리게 된다.

부동산 투자 역시 마찬가지다. 집을 사고팔면서 상식 수준의 매매차익을 바라는 것이 아닌 그 이상의 수익을 바라는 과욕이 항상 화를 부른다. 원칙이나 소신 없이 사람들의 뒤통수만 바라보며 우르르 몰려갔다가 몰려나오다 보니 그 오가는 길에서 돈만 잃게 되는 것이다.

투자와 투기는 결코 멀리 있지 않다. 마음의 한 끗 차이로 아주 가까이에 있다. 바람이 상식의 수준을 넘어 과욕이 되면 건강한 투자가 아닌 도박과 같은 투기심을 발동시키고, 그 결과 애써 쌓아온 가정경제의 안정을 일순간에 무너뜨리는 엄청난 비극까지 몰고 올 수 있다.

제2장
잘 빼기

새지 않는 소비의 그물을 쳐라

당신의 지갑은 안녕한가!

어느 날 갑자기 하늘에서 억 소리 나는 거액의 돈뭉치가 떨어지면 어떨 것 같은가? 게다가 그것이 온전히 내가 가져도 되는, 합법적으로 얻는 돈이라면 싫어할 이유가 없을 듯하다. 어쩌면 다들 '살다 보니 내게 이런 행운도 오는구나!' 하며 덩실덩실 춤까지 추지 않을까 싶다.

잠에서 깨어보니 242억 원이라는 거액의 돈이 생긴 행운의 남자가 있었다. 하루에 100만 원씩 사용한다고 해도 60년 넘게 쓸 수 있는 엄청난 액수의 돈이니 아마도 그는 대기업 회장님도 부럽지 않을 정도로 행복하게 살 수도 있을 테다.

하지만 모두의 예상과는 달리 행운의 사나이 A는 3년 만에 주식으로 그 돈을 모두 날리고, 남의 돈까지 끌어다 투자하는 바람에 결국 사기 혐의로 구속됐다. A의 소식을 접한 사람들은 242억 원이라는 거액의 돈이 행복이 아닌 불행과 재앙을 몰고 왔다는 사실에 놀라지 않을 수 없었다.

모두가 부러워하는 엄청난 행운을 짧은 시간에 불행으로 바꿔 버린 사람은 비단 A만이 아니다.

- 어느 날 갑자기 14억 원이 생긴 B는 도박과 유흥 등으로 2년 만에 돈을 탕진하고, 금은방 등을 돌며 절도 행각을 벌이다 쇠고랑을 찼다.
- 어느 날 갑자기 18억 원이 생긴 C는 주식 투자와 사업으로 돈을 모두 날리고 오히려 빚만 남게 되자 스스로 목숨을 끊었다.
- 어느 날 갑자기 19억 원이 생긴 D는 9개월 만에 돈을 모두 탕진하고 아내를 폭행한 혐의로 법의 심판을 받아야 했다.

위 사람들은 모두 로또복권의 1등 당첨자다. 그리고 당첨되기 이전보다 훨씬 더 불행한 삶을 살게 된다는 '로또의 저주'에 걸린 사람들이기도 하다.

물론 로또 당첨금이 저주가 아닌 '행복의 씨앗'이 되는 사람들도 많다. 하지만 위 사례의 사람들처럼 돈에 대한 철학, 특히 소비에 대한 철학이 갖춰져 있지 않다면 돈은 빛의 속도로 새어 나가고, 급기야는 이전보다 더 힘든 상황으로 내몰리게 된다.

철학이 없는 돈 관리는 모두가 꿈꾸는 로또 1등 당첨이라는 대박조차 인생의 쪽박으로 만들 수 있다는 것을 기억한다면, 돈의 소중함을 알고 돈에 대한 분명한 원칙을 정해 그것이 삶에 적용될 수 있도록 노력해야 한다.

고수익 맞벌이 부부의 파산 신청

흔히들 부자가 되기 위해선 돈을 많이 버는 것이 가장 중요하다고 생각한다. 그래서 맞벌이를 하고, 주업 외에 부업을 추가로 하는 등의 투잡 활동으로 최대한 수입을 늘리려고 노력한다. 당장의 팍팍한 생활을 면하고 싶은 마음도 있지만, 무엇보다 더 많이 번 만큼 저축을 늘려서 안정적인 미래를 준비하자는 바람이 크기 때문이다.

맞벌이가 필수가 되어가는 요즘, 우리나라의 맞벌이 부부 비중은 44.6%(2017년 하반기 기준, 통계청 발표)로 부부 두 쌍 중 한 쌍은 맞벌이를 하는 것으로 조사됐다. 그리고 부부가 모두 경제활동을 하며 돈을 버는 만큼 맞벌이 가구는 비맞벌이 가구에 비해 소득도 약 1.5배 정도 높게 나왔다.

'맞벌이 여부별 가구당 월평균 가계수지'에 관한 통계청의 발표에 따르면, 부부 모두 경제활동을 하는 맞벌이 가구의 월평균 소득은 700만 4,670원(2018년 1분기 월평균 소득 기준), 그리고 외벌이와 부부 모두 실직인 상태의 가구를 포함한 비맞벌이 가구의 월평균 소득은 463만 4,280원인 것으로 조사되었다.

맞벌이 가구의 월평균 소득이 1.5배 정도 많은 만큼 저축도 1.5배를 더 할 것이라 예상되지만 현실은 어떨까? 부부가 열심히 일하고 노력한 만큼 소득이 늘었지만 어떤 이유에선지 바라던 만큼 돈이 모이지 않는 경우도 적지 않다.

2016년, 국민연금연구원의 연구 결과에 따르면 소득의 전 계층에서 맞벌이와 외벌이가 비슷한 저축 비율을 보였고, 중산층의 경우 외벌이가 맞벌이보다 저축을 더 많이 한다는 의외의 결과가 나왔다.

그렇다면 맞벌이 가구는 외벌이 가구에 비해 왜 더 많은 지출이 발생하는 것일까?

"둘이 버니까 이 정도는 괜찮겠지?"

"이 정도는 쓰려고 둘이 버는 것 아니야?"

맞벌이 가정이 외벌이 가정에 비해 더 많은 지출이 발생하는 것은 '더 많이 벌기 때문에 더 써도 된다'라는 마음의 함정에 빠져 있기 때문이다.

외벌이 때보다 수입이 높아진 만큼 학군이나 환경이 좋은 동네에 거주하고 싶고, 아이와 함께하는 시간이 적은 만큼 더 큰 비용을 들여서라도 교육이나 보육 등에 신경을 써주고 싶어진다. 또 가사에 사용되는 시간이나 노동량을 줄이려다 보니 외식비 지출이 늘고, 부부 모두 직장을 오가며 경제활동을 하려니 교통비와 품위유지비 등의 지출도 늘 수밖에 없다.

맞벌이 부부의 소비 함정은 비단 우리나라만의 문제는 아니다. 대표적인 부자 나라인 미국도 연간 200만 명 가까이나 파산 신청을 하는데, 하버드 로스쿨 엘리자베스 워런 교수의 저서 《맞벌이의 함정》에 의하면 미국의 파산자 중 상당수가 중산층 이상의 맞벌이 부부라고 한다.

미국의 중산층 맞벌이 가정 역시 우리나라 맞벌이 가정과 별반 다르지 않게 주거 비용, 교육비, 보육비 등 지나치게 높은 고정 지출과 외식, 쇼핑 등의 소비성 지출의 증가로 전체 지출이 느는 것이다.

물론 수입이 늘어난 만큼 지출도 증가한 것이라 당장은 저축이 만족할 만큼의 수준이 아니란 것 외엔 별문제는 없어 보인다. 하지만 부부 두 사람이 함께 돈을 벌던 수익 구조가 실직이나 급여 감소, 질병이나 사고로 인한 휴직 등의 이유로 외벌이 구조로 바뀌면 기존의 지출 규모는 가정경제에 엄청난 위협 요소로 작용하게 된다.

변화된 현실에 맞춰 당장 외식을 줄이고 쇼핑을 통제하는 등의 노력은 할 수 있겠지만 매달 고정적으로 지출되는 주거비나 교육비, 보험 등을 줄이는 것은 생각보다 쉽지 않다. 미국의 중산층 파산자들 역시 이런 고정 비용을 줄이지 못해 빚이 자꾸 늘어가면서 결국 파산에 이른 것이다.

맞벌이를 하는 만큼 저축액을 늘리고 더 빨리 부자가 되기 위해서는 외벌이 가정이라고 생각하고 부부 한쪽의 월급만으로 생활할 수 있도록 지출을 계획하고 실천해야 한다. 특히 매달 나가는 고정 지출은 확실하게 줄여야 한다. 그래야 어느 한쪽이 휴직, 실직 등의 위기를 겪게 되어도 재취업 시까지 큰 위기 없이 버틸 수 있다.

또 맞벌이를 함으로써 발생하는 비용, 즉 맞벌이 비용을 감안하여 실질소득을 계산하고 그에 맞게 현실적인 지출 계획을 세워야 한다. 그리고 부부 공동의 재무 목표를 세우고 돈 관리의 주체를 한 사람으로 통일해야 한다. 수입과 지출을 각자 관리한다면 정확한 수입 파악이 힘들고, 지출 역시 통제가 어려워져 과소비의 위험에 빠질 수 있다. 게다가 저축도 계획성을 갖추지 못하고 서로 미루게 되어 기대에 미치지 못하게 된다.

맞벌이 가구는 외벌이 가구보다 수입이 더 많기에 지출만 잘 다스려도 금세 돈이 모인다. 위의 몇 가지 방안의 실천만으로도 맞벌이의 보람이 확실히 느껴지는 배부른 통장을 가질 수 있다.

◎ Check! 맞벌이 부부의 가정경제관리 원칙 ◎

∨ 무조건 한 사람의 소득은 저축한다.

∨ 돈 관리, 통장 관리의 주체를 한 사람으로 통일한다.

∨ 맞벌이라고 스스로 자비를 베풀지 않는다.

∨ 수입과 지출 관리를 좀 더 철저히 한다.

∨ 연말정산 혜택과 절세 혜택을 충분히 이용한다.

∨ 위험 대비도 꼼꼼히 한다.

∨ 결혼 전에 진 빚은 미리 알리고 이해를 구한다.

잘 버는 것 < 잘 쓰는 것

"대부분의 사람들은 돈을 버는 방법에 대해 잘 알고 있다. 그러나 돈을 어떻게 써야 하는지 아는 사람은 백만 명 가운데 한 명 정도에 불과하다."

미국의 사상가이자 문학자인 헨리 데이비드 소로가 한 말로, '돈은 어떻게 버느냐보다 어떻게 쓰느냐가 더 중요하다'라는 의미를 담고 있다.

앞서 살펴본 맞벌이 가정과 외벌이 가정의 비교 자료들에서도 알 수 있듯이 수입이 는다고 해서 반드시 저축을 많이 하고 부자가 되는 것은 아니다. 또 억대의 고액 연봉자라고 해서 모아놓은 자산이 많은 것도 아니다. 많이 들어온 만큼 많이 나간다면 빛 좋은 개살구에 불과하다.

부자가 되기 위해서는 소비에 대한 분명한 철학을 정립하고, 그 철학을 실천할 수 있는 올바른 소비 습관을 들여야 한다. 우리 속담에 '개같이 벌어서 정승같이 쓴다'라는 말이 있다. 그런데 현실은 어떤가. '개같이 벌어서 막 쓴다'라는 말이 딱 어울릴 정도로 우리는 맞벌이로, 투잡으로 힘들게 번 돈을 정말 함부로 쓰는 것 같다. 소비에 대한 자신만의 분명한 철학이 없기 때문이다.

소비에 대한 철학은 개인마다 다를 수 있지만, 반드시 염두에 두어야 할 것은 '자신과 가족의 행복'이다. 눈앞의 욕구에 만족감을 채워주는 것이 행복인지, 계획성 있는 소비를 통해 미래의 안정을 차근차근 준비하는 것이 행복인지는 말하지 않아도 잘 알 테다.

더불어 소비에 대한 철학이 삶에 녹아나기 위해서는 그것을 습관으로 단단하게 굳힐 필요가 있다. 그리고 습관은 하루아침에 만들어지는 것이 아니기에 매일매일 돈을 현명하게 잘 사용함으로써 몸에 배게 해야 한다.

월급의 함정에서 벗어나라

나는 쇼핑하는 것을 무척이나 좋아하고 즐긴다. 물론 충동구매나 과소비가 아닌, 계획을 세워 예산 안에서 사는 것이지만 무언가를 산다는 것은 내 삶에 활력을 주는 즐거운 일임에는 분명하다.

쇼핑을 좋아하는 이런 취향이 한때 가정경제에 위협 요소로 작용했던 적이 있다. 당시 내겐 올바른 소비 습관은커녕 이렇다 할 소비 철학조차 갖춰지지 않았던 때라 갖고 싶은 물건이 보이면 망설임 없이 지갑을 열었다. 보다 못한 아내가 나의 충동구매와 과

소비를 염려해 수시로 제동을 걸어주긴 했지만 강력한 소비 욕구를 꺾기에는 역부족이었다.

은행에 근무하던 시절 나는 해외 출장을 자주 다녔는데, 출장을 떠나는 날 아침이면 아내는 어김없이 내 손을 꼭 붙잡고 신신당부를 했다.

"여보, 이번에는 제발 선물을 이것저것 많이 사지 말고 가족 수대로 딱 한 가지씩만 사 와요."

출장 갈 때마다 가족 선물을 각자 한 보따리씩을 사 오니 아내의 염려가 갈수록 커졌던 것이다.

그 시절 나는 출장을 가면 공식 일정이 끝나는 오후 6시가 되기를 기다렸다가 곧장 쇼핑몰로 달려갔다. 그곳에서 간단하게 식사를 한 후 폐점 시각이 될 때까지 쇼핑을 했다. 언젠가 한번은 딸아이에게 입히면 예쁠 것 같은 원피스를 발견하곤 옷값의 몇 배가 되는 국제전화를 걸어 아내에게 옷 사이즈를 확인받기도 했다. 휴대폰조차 없던 때라 비싼 국제전화를 걸어야 했지만 나는 상관하지 않았다.

군이 출장길이 아니더라도 주말이면 나는 가족을 데리고 백화점이나 쇼핑몰로 향했다. 고급 브랜드 옷을 아이들에게 색깔별로 사주고, 나 역시 옷장이 차고 넘치도록 고급 브랜드의 옷을 사다 날랐다.

내가 쇼핑을 즐기는 것은 일종의 보상 심리와도 같은 것이다. 나는 취업을 하기 전까지 홀어머니 아래에서 가난하게 살았다.

대학도 8학기 모두 학자금 대출을 받아서 다녔는데, 그 돈을 갚기 위해 대학 시절 내내 아르바이트를 동시에 세 개 이상씩은 해야 했다. 형편이 그러니 변변한 옷은커녕 책 한 권을 사는 것도 손이 떨려 망설이고 또 망설여야 했다.

대학을 졸업하고 사회인이 된 나는 은행원이 되어 매달 안정적으로 월급을 받았고, 마침내 임원이 되어 억대 연봉을 받게 됐다. 게다가 강의 수입까지 꼬박꼬박 들어오니 내 지갑은 돈이 마를 날이 없었다. 돈을 쓰고 나면 얼마 지나지 않아 또 그만큼이 채워지니 마음에 드는 물건을 발견하면 사야 하나 말아야 하나를 고민할 이유가 없었다.

어린 시절의 가난에 대한 보상 심리 외에도 나를 쇼핑의 늪에 빠지게 했던 결정적 요인이 있었다. 바로 월급이 멈추지 않을 것이라는 당돌한 착각이었다.

"다음 달에도 또 월급이 들어올 텐데 왜 돈을 아껴야 해?"

공무원이나 공기업에 다니는 회사원, 군인과 같이 안정적인 직업의 사람일수록 더더욱 이런 생각이 강하다. 다음 달에도, 또 그다음 달에도 계속해서 월급이 들어올 것이라는 확신에 빚을 내어 차를 바꾸고, 홈쇼핑의 10개월 할부 상품을 망설임 없이 내지른다. 10개월 뒤에도 내 월급은 당연히 건재할 것이라 확신하는 것이다.

실제 강의를 다니며 "이제 곧 당신의 월급은 나오지 않을 것입니다"라고 하면 다들 "무슨 말도 안 되는 소린가?"라며 황당해한다. 회사가 망하지 않는 한 월급은 꾸준히 나올 것이라 확신하는 것이다. 하지만 한 치 앞도 알 수 없는 것이 사람의 일이 아니던가. 그러니 제아무리 안정적인 직장이라고 해도 "절대 그런 일은 일어나지 않는다!"라고 섣불리 장담해서는 안 된다. 누가 아는가. 나처럼 어느 날 갑자기 사업에 강한 확신을 하고 회사에 호기롭게 사표를 던지게 될지. 게다가 바람은 내 안에서도 일지만 밖에서도 불어온다. 이런저런 이유로 허망하게 무너진 기업이 어디 한둘이던가.

실제로 내 경우, 사업을 해보겠다며 호기롭게 사표를 던졌고 한 달도 안 돼 월급은 뚝 하고 끊어졌다. 게다가 수억 원의 연봉과 맞바꾼 사업은 초기에 고전을 면치 못했다. 그렇게 몇 달 동안 곶감 빼먹듯이 사라지는 은행 잔고와 점점 가벼워지는 지갑을 보며 그동안 내가 월급의 함정에 빠져있었다는 것을 깨닫게 됐다.

내 월급은 절대 끊어지지 않을 것이라던 오만한 생각이 내게 충동구매와 과소비를 부추겼고, 잘못된 소비 습관을 만들었다. 다행히 나는 고전을 겪던 사업 초기의 시간을 지나오며 깊은 깨달음과 성찰을 얻었다. 덕분에 가족들을 더 큰 위험에 빠뜨리지 않을 수 있었고, 가정경제관리를 통해 행복한 부자가 되는 법을 강의하며 나 자신도 그것을 실천하고 살아가고 있다.

월급은 결코 영원하지 않다는 것을 하루빨리 깨달아야 한다. 그래야 현재 지갑에 든 돈이 더 귀하고 소중하게 여겨진다. 그리고 가족의 행복한 미래를 위해서 단돈 10원도 허투루 새어 나가서는 안 된다는 것을 깨닫게 된다.

빤한 월급 모아 부자 되는 '현명한 소비의 3원칙'

중국 속담에 '버는 것은 바늘 하나로 일하는 것처럼 느리다. 그러나 지출은 모래가 빠져나가는 것처럼 빠르다'라는 말이 있다. 한 달에 한 번, 720시간을 모두 채우고 나서야 겨우 통장에 찍힌 숫자로나 확인할 수 있는 월급이지만, 돈이 나가는 것은 한순간이고 그 속도 또한 허망할 정도로 재빠르다.

전쟁과도 같은 살벌한 취업 경쟁을 뚫고 어렵사리 취업에 성공해도 월급만으론 부자는커녕 집 한 칸 마련하기 힘든 것이 현실이다. 그런데도, 금수저로 태어나는 특별한 경우를 제외하곤 많은 부자들의 부를 쌓은 첫 시작은 한 푼 두 푼 모은 월급이란 것을 잊지 말아야 한다.

빤한 월급으로 태산과 같은 재산을 쌓는 비법은 돈을 현명하게 잘 쓰는 것으로부터 시작된다. 어렵고 힘들게 번 돈인 만큼 현명하게 잘 써야 한 푼이라도 더 모으게 된다. 그렇다면 어떻게 하는 것이 돈을 현명하게 잘 쓰는 것일까?

현명한 소비의 제1원칙은 '지출이 수입을 넘어서지 않도록 관리한다'이다. 수입을 초과해서 지출한다는 것은 결국 빚을 내어 소비를 한다는 의미다. 한 달 수입이 200만 원인 사람이 지출액은 300만 원이라면 매달 100만 원의 빚을 지게 된다. 이렇게 지출을 통제하지 못하고 빚이 계속 쌓여간다면 얼마 버티지 못하고 곧 힘든 상황을 맞을 수밖에 없다.

현명한 소비의 제2원칙은 '소비를 통제해 매달 목표 금액 이상의 저축을 한다'이다. 요즘처럼 고물가 시대엔 빚만 지지 않아도 다행이라고들 하지만 오늘보다 더 나은 내일을 바란다면 소비에 있어 좀 더 긴장감 있는 태도를 갖출 필요가 있다. 소비에 더 촘촘하고 강력한 그물을 쳐서 단돈 10원도 허투루 새어 나가지 않도록 관리해야 한다.

현명한 소비의 제3원칙은 '지금 당장 시작한다'이다. 현명한 소비가 습관으로 잘 정착되기 위해서는 첫 월급을 받는 사회 초년생 때부터 지출을 통제하는 습관이 필요하다. 한 달 동안 내 생활을 유지하기 위한 적절한 지출의 규모를 정하고, 이후 소득이 증가하더라도 함부로 지출을 늘리지 않도록 해야 한다. 월급이 오르는 만큼 소비를 늘리는 사람과 저축액을 늘리는 사람 중 누가 부자가 되는지는 굳이 말하지 않아도 될 테다.

철학자 세네카는 '돈이란 벌기 힘들며, 가지고 있긴 더욱 힘들고, 현명하게 쓰기는 정말로 힘들다'고 했다. 로또 당첨과 같은 행운이 따라주지 않는 한, 결국 우리를 부자로 만들어주는 것은 우리가 땀 흘려 번 돈이다. 그런데 이 돈이 매달 우리의 주머니를 지나 은행이나 카드회사 등으로 몽땅 빠져나가 버린다면 우리의 숭고한 노동은 하루 먹고 하루 살기 위한 고육지책밖에 안 된다. 그러니 어떻게든 주머니에 돈이 모이게 해야 하고, 그러기 위해서는 현명한 소비를 통해 지출을 줄이면서 그 차액을 차곡차곡 쌓아가야 한다.

가짜 행복과 진짜 행복을 구분하라

A와 B는 7년간의 연애를 마무리하고 마침내 부부의 연을 맺기로 했다. 한 번뿐인 결혼이니 많은 하객을 불러 성대하게 치르자는 부모님의 의견과는 달리 이들은 소박하지만 실속 있는 스몰웨딩을 추진했다.

결혼식은 서울 근교의 아담한 레스토랑을 대여해 가족 및 가까운 지인들과 함께 식사하는 자리로 대신했다. 손님이 거의 없는 오전 10시부터 예식을 시작한 덕분에 장소 대여비 없이 식사비만 지불하였다. 신부의 웨딩드레스는 인터넷으로 10만 원에 구매했고, 예물도 평소에 끼고 있던 커플링을 그대로 활용했다. 부케는 친구가 결혼 선물로 만들어주었고, 결혼사진은 사진 촬영을 취미로 하는 회사 동료가 디지털카메라로 찍어주었다. 신혼여행도 작은 캠핑카를 대여해 3박 4일 동안 전국 일주를 하고 왔다.

이렇게 절약한 예식 비용은 신혼집을 준비하는 데 보탰다. 7년의 연애 기간 동안 함께 모아왔던 적금까지 합치니 작은 연립주택의 전세 보증금이 마련되었다. 웨딩푸어, 허니문푸어 등 결혼과 동시에 '푸어(poor)'가 되는 현실에서 월세의 부담도 사라진 데다 빚을 지지 않고 신혼을 시작할 수 있게 되어 두 사람은 신혼의 행복이 더욱 커졌다.

나를 위한, 소소하지만 확실한 행복

2030세대를 중심으로, '소소하지만 확실한 행복'을 추구하는 이른바 '소확행' 트렌드가 확산되면서 결혼을 준비하는 과정에서도 이러한 문화가 반영되고 있다. 스몰웨딩이나 셀프웨딩으로 세상에 하나뿐인 특별한 결혼식을 치르되, 허례허식은 줄여 신혼 준비에 실속을 더하는 것이다.

2017년 취업포털사이트 잡코리아의 설문조사 결과, 20~30대 직장인 응답자 중 87.3%가 '스몰웨딩을 할 의향이 있다'라고 답했다. 응답자들이 스몰웨딩을 생각하는 이유로 가장 많이 꼽은 것은 '예식에 드는 과도한 비용 부담을 줄이고 싶어서'였다.

학자금 대출 등으로 가뜩이나 사회인으로서의 첫 시작이 우울한데 결혼 자금까지 빚으로 남는다면 자칫 빚의 늪에 빠져 행복과는 거리가 먼 삶을 살게 될 위험이 있다. 화려하고 성대한 예식만이 결혼의 행복을 더해주는 것은 아니기에 소소하지만 특별한 결혼식을 준비하는 것이다.

소소하지만 확실한 행복은 2030세대뿐만 아니라 모두에게 삶의 소중한 가치다. '소확행'은 일본의 소설가 무라카미 하루키가 쓴 수필집에서 처음 등장한 말이다. 무라카미 하루키는 갓 구운 빵을 손으로 찢어 먹을 때, 서랍 안에 반듯하게 접은 깨끗한 속옷이 잔뜩 쌓여 있는 것을 볼 때, 새로 산 정결한 면 냄새가 풍기는 하얀 셔츠를 머리에서부터 뒤집어쓸 때 느껴지는 행복처럼, 일상에서 느끼는 소소한 즐거움이 중요하다고 강조했다.

무라카미 하루키가 독자에게 전하는 '소확행'은 행복감을 느끼기 위해 특별한 행위를 하는 것이 아닌 매일 일상에서 반복적으로 이루어지는 일들에서 행복감을 느끼는 것을 의미한다. 굳이 소소한 행복감을 얻기 위해 돈을 지불하면서 무언가를 구매하거나 경험할 필요는 없다. 게다가 소비에 집중된 소확행은 비록 그 비용이 소소할지라도 미래의 소중한 행복을 준비하는 데 걸림돌이 될 위험도 있다.

소확행과 더불어 2017년부터 젊은이들 사이에 최고의 유행 키워드로 자리 잡은 '욜로(YOLO, You Only Live Once)' 역시 불확실한 미래가 아닌 현재의 삶, 그리고 타인이 아닌 나 자신의 행복을 추구하는 대표적인 소비 트렌드다.

"한 번뿐인 인생인데, 현재를 즐겨야죠!"

최근 욜로가 사고 먹고 즐기는 등의 자기과시를 위한 무분별한 소비성 지출에 집중되는 것에 대한 염려의 소리도 높다. 하지만 진정한 의미의 욜로는 취미 생활, 자기계발 등 현재의 발전과 가치에 더 중점을 둔 소비이기에 삶의 질적인 향상을 위한 투자라고도 볼 수 있다. 게다가 엄격히 말하면, "한 번뿐인 인생인데, 현재를 즐겨야죠!"가 아니라 "한 번뿐인 인생인데, 최선을 다해야죠!"가 올바른 해석이다.

미래를 위해 무조건 현재를 희생해서도 안 되지만 영원히 미래를 맞지 않을 것처럼 오늘을 소비하고 낭비해서도 안 된다. 진정한 행복은 소비를 통해 얻는 일시적인 만족감이 아닌 현재와 미래의 균형을 유지하는 건강한 삶을 통해 느껴지는 내면의 풍요로움이다.

가계부로 시작하는 가정의 소비 통제

"주말에 뭐 할 거야?"

"글쎄, 백화점에나 가볼까?"

"필요한 것 있어?"

"아니, 그냥 살 거 있나 보러 가는 거지."

돈을 모으고 탄탄한 미래를 준비하는 과정에서 가장 큰 걸림돌이 되는 것이 무계획적인 지출이다. 흔히들 무계획적인 지출이라고 하면 고가의 물건을 충동적으로 사들이는 것을 생각하기 쉽지만, 가격과 무관하게 지금 당장 필요하지 않은 물건을 계획성 없이 사들이는 행위 역시 계획성 없는 지출이다.

무계획적인 지출은 자칫 사치와 낭비로 이어질 위험이 있다. 특별한 목적 없이 백화점에 들렀다가 딱히 살 것이 없어 컵 하나를 사도 필요하지 않은 컵이라면 사치이고 낭비다. 싱크대 선반에는 이미 사용에 불편하지 않을 만큼 많은 컵이 있는데도, 예뻐서 혹은 딱히 살 것이 없어서 집어 온 그것에 만 원짜리 한두 장을 소모해버리면 통장 잔고는 그만큼 줄어든다.

만 원짜리 한두 장쯤이야 주말을 즐겁게 보낸 비용이라고 생각할 수도 있다. 하지만 이런 충동적인 구매가 습관이 된 사람들은 결코 컵 하나로 끝나지 않는다. 짐작건대 그들의 집에는 아직 포장도 뜯지 않은 물건, 입지 않은 옷, 같은 용도의 비슷한 물건들이 곳곳에 쌓여 있을 것이다. 돈을 차곡차곡 통장에 쌓아 시간과 함께 굴리는 것이 아니라 집 안 여기저기에 쓰레기처럼 쌓아 먼지와 함께 굴리니 그 미래 또한 답답하고 암울할 수밖에 없다.

절약은 각오나 구호가 아닌 실천이다!

가뜩이나 좁은 집에 쓰지도 않는 물건들이 늘어나면서 스트레스도 덩달아 쌓여간다. 더군다나 그것들 모두가 공짜로 얻거나 길을 가다 주운 것도 아닌, 피 같은 돈을 주고 직접 구매한 것이기에 더욱 후회가 막심하다. 하지만 후회가 아무리 깊어도 생각과 행동이 바뀌지 않으면 결과는 달라지지 않는다. 계획성 없는 충동구매에 힘차게 제동을 걸지 않으면 소비와 후회를 반복하는 삶을 벗어날 수 없다.

누구나 계획성 있는 소비의 필요성을 절감하지만 정작 실천으로 이어가는 사람은 그리 많지 않다. 술, 담배, 유흥, 음식 등과 같이 지금껏 익숙하게 즐겨오던 무언가를 절제한다는 것은 생각만큼 쉽지 않다. 욕망이라는 본능을 억눌러야 하고, 절제를 통한 고통도 고스란히 감내해야 한다. 돈의 소비도 별반 다르지 않다. 갖고 싶다, 사고 싶다는 욕망을 다스려야 하고 그것을 억누르면서 오는 불안이나 불만도 견뎌내야 한다. 그 불편함을 감수하는 것이 싫고 두렵기에 소비의 통제는 항상 '내일'로 미루어둔다.

소비는 습관이다. 하루아침에 바꿀 수 없고 쉽게 바뀌지도 않는다. 어제까지 이어오던 무계획적이고 충동적인 소비 습관을 없애려면 지금 당장 계획적이고 합리적인 소비를 실천해야 하며, 귀찮고 힘들더라도 꾸준히 이어가야 한다. 그래야지만 올바른 습관으로 굳힐 수 있다.

계획성 없이 무분별하게 충동구매하던 습관을 버리고 꼭 필요한 물건만 계획에 맞게 소비하는 습관으로 바꾸면 상상 이상의 큰돈이 모인다. 당장 오늘부터 시작해서 한 달만 꾸준히 실천해보아도 통장 잔고가 확연히 달라지는 것을 알 수 있다.

"평소에 소비를 계획성 있게 하는 것은 아니지만 그렇다고 해서 흥청망청 쓰는 것도 아닌데 딱히 줄이고 모으고 할 것이 있을까요?"

강의나 상담을 하다 보면, 수입이 빤하니 지출도 늘 거기서 거긴데 굳이 소비를 계획하고 통제해야 하느냐고 묻는 분들이 더러 있다. 그러면 나는 질문으로 답을 대신한다.

"혹시 담배 피우시나요? 지인들과 술자리도 가끔씩 하시죠?"

소비 습관을 바꾸어 계획성 있는 소비를 하게 되면 여기저기 새는 구석이 눈에 잘 들어온다. 그것만 잘 잡아도 누구든 한 달에 10만 원 정도는 충분히 더 모을 수 있다. 할인마트의 충동구매를 줄이고 냉장고 깊숙이 들어앉은 식재료만 잘 챙겨도 10만 원 정도는 모을 수 있다. 어디 그뿐인가. 건강을 해치는 담배와 군것질을 줄이거나 끊어도 한 달에 10만 원은 충분히 모을 수 있고, 퇴근 후 지인들과의 술자리를 두세 번만 줄여도 어렵지 않게 모을 수 있는 돈이다.

이처럼 한 달에 10만 원은 조금만 신경을 쓰면 충분히 모을 수 있는 부담 없는 돈이지만 꾸준히 실천하면 의외로 놀라운 결과가 나온다.

직장에 처음 입사해 25세부터 60세까지 35년 동안 매월 10만 원을 적립식으로 투자한다고 가정해보자. 수익률은 연 5%라고 가정하고, 이자는 복리로 매년 재투자된다고 하자. 물가 상승이나 세금 등을 고려하지 않았을 경우 60세에 받게 될 총금액은 얼마일까?

원금 4,200만 원 납입에 이자까지 합하면 대략 1억 1,000만 원을 전후한 돈을 받게 된다. 경기가 좋아져서 연평균 10%의 수익을 올렸다면 만기 시에 3억 원이 넘는 돈을 받게 된다. 매달 단돈 10만 원을 아껴서 모은 돈치고는 놀라운 금액이 아닐 수 없다. 그런데 이 놀라운 금액을 모으기 위하여 우리가 치른 대가가 무엇일까? 외식하고 싶은 마음을 꾹 참고 집에서 식사하고, 건강을 위해 커피와 담배를 줄이고, 지인들과의 술자리 대신 가족들과 좀 더 시간을 보냈을 뿐이다. 그리 힘든 것도 그리 귀찮은 것도 아닌, 조금의 노력으로 이뤄낸 일이다. 이것이 바로 10만 원의 위력이다.

조금의 노력으로 단돈 10만 원을 절약한 힘이 이 정도인데 더 촘촘하게 소비를 계획하고 지출을 통제한다면 더 큰 목표를 이루는 것도 그리 어렵지 않은 일일 것이다.

가계부, 쓰고 분석하고 반성하고 적용하라

2017년 글로벌 정보 분석 기업인 닐슨코리아의 왓츠넥스트(What's Next) 그룹이 성인 남녀 1,000명을 대상으로 '한국인의 소비 생활에 관한 조사'를 했다. 해당 조사에서 '합리적인 소비란 무엇인가?'에 대한 응답으로 '계획적 소비(45.5%)'를 가장 많이 꼽았다. 하지만 아이러니하게도 전체 응답자의 59.9%가 '한 달 예산이나 소비 계획을 세우지 않는다'라고 응답했고, 가계부를 쓰지 않는 사람도 67.2%나 됐다.

설문 결과에서도 알 수 있듯이 많은 사람이 계획적 소비에 대한 필요성을 절감하지만 정작 실천은 잘 하지 않는다. '계획적 소비'를 어떻게 실천해야 하는지 막막하기도 할뿐더러 순간순간 찾아오는 소비 충동을 억제하기가 쉽지 않은 탓이다.

'계획적 소비'의 실천으로 가장 쉽게 할 수 있는 것이 쇼핑 전에 구입할 물품 목록을 미리 작성하는 것이다. 할인마트에 식료품과 생필품을 사러 갈 때 미리 무엇을 살 것인지를 정해두고 쇼핑 시에 이를 충실히 지키면 충동구매의 유혹을 좀 더 효과적으로 이겨낼 수 있다.

물론 이것은 '계획적 소비' 실천을 위한 첫걸음일 뿐 근원적인 처방책은 아니다. 계획적 소비를 실천하고, 나아가 똑똑한 가정경제관리로 행복한 부자가 되기 위해서는 무엇보다 돈의 흐름을 파악하고 통제할 수 있어야 한다. 즉, 자신에게 들어온 돈이 도대체 어디로 얼마나 새어 나가는지를 알아야 허술한 곳을 보강해 소비의 그물을 더 촘촘하게 엮을 수 있다. 이를 실천하기 위한 대표적인 장치가 바로 '가계부'다.

상담과 강연을 하며 많은 사람을 만나본 결과 가계부를 쓰지 않는 경우가 대부분이었다. 왜 그런지를 물었더니 '귀찮고 번거로워서', '수입이 빤하니 딱히 쓰고 말고 할 것도 없어서', '꾸준히 쓰는 것이 힘들어서'와 같은 대답이 돌아왔다.

가계부를 쓰는 것은 단순히 언제 어디에 얼마만큼의 돈을 사용했는지를 기록하자는 의미가 아니다. 그것이 가계부를 쓰는 목적이라면 평생을 써도 달라질 게 없다. 가계부를 쓰는 것은 돈의 흐름을 기록해 나의 소비 패턴을 냉철하게 분석하자는 것이다. 그리고 그것을 토대로 이후의 지출을 합리적이고 계획적으로 이끌어 허투루 새는 돈을 막아보자는 것이다.

국가와 기업 등은 체계적으로 돈을 관리하고 지출을 통제하기 위해 예산과 결산을 한다. 매월 결산하면 항목별로 예산에서 초과된 지출 내용을 명확히 알 수 있다. 그리고 무엇 때문에 지출이 초과되었는지 피드백을 해볼 수 있다. 이 결과를 토대로 다음 달 또는 다음 해의 예산 수립에 반영하여 불필요한 지출을 줄일 수 있게 된다.

개인이나 가정도 마찬가지다. 매월 예산을 수립하고 가계부를 작성한 후에 가계부를 토대로 예산 항목별로 결산을 한다. 이렇게 하면 예산보다 초과된 항목을 한눈에 볼 수 있고, 무엇 때문에 초과되었는지 원인을 분석하여 다음 달에는 불필요한 지출이 발생하지 않도록 대책을 세울 수 있다. 이런 체계적이고 계획적인 지출을 실천함으로써 불필요한 지출을 줄이고 저축은 늘려 더 안정적인 미래를 준비할 수 있게 된다.

최근에는 가계부를 편리하게 작성할 수 있는 다양한 프로그램이 무료로 보급된 덕분에 가계부를 쓰는 사람들이 점차 늘어나는 추세다. 나는 '네이버 가계부'를 사용하고 있어서 강의 때 종종 소개하기도 하는데, 다행히 다들 관심을 보여준다.

네이버 가계부의 경우 모바일과 PC가 연동되기 때문에 언제 어디서나 확인과 입력이 가능해 지출이 발생하면 바로바로 기록할 수 있다. 게다가 평소 자신이 사용하는 신용카드나 체크카드를 등록하면 승인 문자메시지를 자동으로 인식해 날짜와 사용 내역 등을 알아서 기록해준다. 그리고 할부로 구입한 경우 할부 개월을 입력하면 자동으로 각 월의 지출에 미리 기록된다. 일일이 기록하는 것이 힘들어 작심삼일이 되고 말았던 분들에겐 더없이 편리한 기능이 아닌가 한다.

그 외에도 네이버 가계부의 특징을 정리해보자면 아래와 같다.

- 지출 항목은 식비, 주거/통신, 생활용품, 의복/미용 등 12가지로 나뉘어 있고, 각 항목은 다시 여러 세부 항목으로 구분되어 있다. 예컨대 식비의 경우 주식, 부식, 간식, 외식, 커피/음료, 술/유흥, 기타로 구분되어 있으며, 필요에 따라 항목을 추가하여 넣을 수 있다.
- 매달 각 항목에 예산을 설정할 수 있다. 예컨대 식비의 경우 한 달 예산을 50만 원으로 설정하면 한 달 동안 식비로 지출된 비용들이 차곡차곡 합산되어 실시간으로 누적 사용액을 확인할 수 있다. 또 예산까지 여유 금액이 얼마 남아있는지도 확인할 수 있어서 소비를 조절하는 데 도움이 된다.
- 등록된 카드에서 지출이 발생하면 자동으로 해당 항목을 찾아 들어간다. 커피숍에서 커피를 한 잔 구입하면 해당 날짜의 식비 항목의 커피/음료 항목에 지출액이 기록되는 것이다.
- 현금 구매의 경우 해당 항목을 찾아 금액과 지출처를 입력하면 된다.

이 외에도 편리한 기능들이 많이 있으니 직접 사용해보면서 가정경제관리에 도움을 받으면 좋을 듯하다. 실제로 20년 넘게 가계부를 쓰지 않은 지인에게 네이버 가계부를 소개했더니 금세 적응하여 현재까지 꾸준히 잘 써오고 있다고 한다.

물론 네이버 가계부가 아니더라도 다양한 가계부 앱이 있으니 쓰기에 편리한 것을 선택해서 사용하면 된다. 그리고 앞서 말했듯 이 가계부는 지출 내역의 기록 목적이 아닌 지출의 분석과 반성을 통해 이후의 지출을 더 합리적이고 계획적으로 이끌어 내는 데 있기에 어제보다 더 나은 오늘, 오늘보다 더 나은 내일이 되도록 꾸준히 노력해야 한다. 돈은 발이 달려서 한번 집을 나가면 영영 돌아오지 않으니 최선을 다해 적극적으로 새는 돈을 막아야 한다.

◎ Check! 돈을 확실하게 모으는 15가지 방법 ◎

∨ 매달 일정한 돈을 저축한다.

∨ 가계부를 적어 소비를 계획하고 통제한다.

∨ 바른 식생활과 정기적인 운동으로 질병을 예방한다.

∨ 마트에 갈 때 목록을 적어 간다.

∨ 주말을 이용하여 벼룩시장이나 재래시장을 둘러본다.

∨ 스스로 세금을 관리한다.

∨ 자신의 투자 성향에 맞는 상품을 찾아 가입한다.

∨ 백화점이나 고급 상점을 이용하지 않는다.

∨ 여행할 때 여행사를 이용하지 않고 스스로 해결한다.

∨ 빚을 지지 않고 물건은 현금으로 산다.

∨ 투자와 투자 자문에 대해 끊임없이 공부한다.

∨ 보험은 적절하게 가입한다.

∨ 외식을 삼가고 집에서 식사한다.

∨ 신용카드보다 체크카드를 사용한다.

지갑을 열기 전에
필요인지 욕구인지부터 따져라!

"여보, 우리도 청소기 바꿀까?"

남편이 청소기를 돌리다 말고 아내에게 물었다.

"청소기가 왜? 고장 났어?"

"아니, 요즘은 다들 무선청소기를 쓰더라고. 유선청소기보다 부피도 작고 선이 없으니 거추장스럽지도 않잖아."

"우리 유선청소기 산 지 몇 년도 안 됐어. 게다가 제법 거금을 주고 샀잖아. 그리고 하루에 청소기를 몇 번이나 돌린다고 멀쩡한 걸 바꿔? 무선청소기는 가격도 꽤 비싸던데."

아내의 입장에선 멀쩡한 유선청소기를 두고 비싼 무선청소기를 사려는 것이 선뜻 이해가 안 됐다.

"요즘 가전제품을 누가 고장 나서 바꾸나? 사용하기에 더 편리하고 성능 좋은 제품이 나오면 바꾸는 거지. 암튼 나 그걸로 바꾸면 청소도 더 자주 할게. 그러니까 바꾸자, 응?"

"어휴, 모르겠어. 당신이 알아서 해."

무풍에어컨, 무선청소기, 스마트TV, 빨래건조기 등 가전제품의 혁신이 일어날 때마다 많은 가정에서 한바탕 혼란이 일어난다. 청소기만 하더라도, 유선청소기를 고수하자니 왠지 모르게 시대에 한참 뒤떨어진 사람처럼 느껴지기도 한다. 게다가 유선청소기보다 무선청소기의 장점이 많은 것도 사실이다. 하지만 그렇다고 해서 멀쩡한 청소기를 내다 버리고 100만 원이나 하는 최신 유행의 무선청소기를 살 수도 없는 노릇이다.

사야 하나, 사지 말아야 하나의 혼란을 주는 것은 비단 최신 트렌드의 가전제품만이 아니다. 미묘한 디자인의 차이로 유행이 슬쩍 지나간 듯한 옷과 가방, 세월의 흔적이 느껴지는 가구와 침구는 물론이고, 사용에는 전혀 이상이 없는 살짝 찌그러진 냄비, 덜덜거리긴 하지만 바람 쌩쌩 나오는 선풍기까지 이러지도 저러지도 못하는 물건들이 제법 있다.

돈이 무한정으로 있다면야 고민할 것도 없이 당장 마음이 내키는 대로 하겠지만, 쓸 수 있는 돈이 한정돼 있으니 최대한 합리적인 기준을 두고 현명하게 소비해야 한다. 위 사례에 나온 무선청소기만 하더라도 하루에 한두 번 정도 사용하는 것을 100만 원이나 되는 돈을 주고 구매한다는 것은 좀 더 냉철하게 고민해야 할 문제다. 게다가 지금은 유선청소기에서 무선청소기로 넘어가는 과도기적 시기라 조금 더 기다리면 성능이나 가격이 훨씬 더 만족스러운 제품들이 나올 가능성도 크다. 물론 이것은 나의 견해이기에 무조건 따를 필요는 없다. 대신 이처럼 소비에 있어 자신만의 분명한 기준은 마련해야 한다.

가정경제, 현명한 소비 시스템을 갖춰라

소중한 돈을 지혜롭게 쓰기 위해서는 물건을 구매할 때마다 '필요'와 '욕구'를 잘 구분해야 한다. 지금 사려는 그것이 살아가는 데 반드시 필요한 것인가, 아니면 그저 원하는 것인가, 그리고 만약 반드시 필요한 것이라면 지금 당장 필요한 것인가를 물어서 소비의 그물로 거듭 걸러주어야 한다. 스스로 묻고 또 묻는 과정에서 정말 필요한 소비와 그렇지 않은 소비가 구분되고, 소비의 그물도 그만큼 더 촘촘해진다.

결혼해서 가족이 생기면 가족회의를 통해 구성원 전체의 소비를 통제하는 합리적인 시스템을 만들어야 한다. 더 나은 내일을 위한 혁신과 변화가 일시적인 성공이 아닌 지속적으로 이어지고 내재화되기 위해선 시스템이 반드시 필요하다. 가정경제도 마찬가지다. 가정의 지출을 통제하고 줄이기 위해서는 변화의 필요성에 공감하고 혁신적인 노력을 기울임과 동시에 그것이 꾸준히 이어질 수 있도록 시스템을 갖출 필요가 있다.

앞서 말한 '필요인가, 욕구인가?'를 서로에게 묻는 것도 소비통제에 아주 효과적인 시스템이다. 예를 들어 아이가 "엄마, 운동화가 구멍이 났는데 운동화 좀 사주세요"라고 한다면 "알았어" 혹은 "안 돼"라고 말하기 전에 일단 아이와 함께 신발장을 열어서 확인한다.

신발장 안에 운동화가 한두 켤레 정도 더 있으면 이것은 욕구에 의한 것이니 더 길게 이야기할 필요가 없다. 그러나 만약 신발장 안에 운동화가 하나도 없고 하나 있는 신발마저 구멍이 났다면 꼭 사줘야 한다. 그것은 필요한 것이기 때문이다. 이런 시스템이 정착되어 있으면 가족 구성원의 소비를 통제할 때 구구절절 이유를 대며 힘들게 설득할 필요가 없다.

무언가를 사려고 할 때 가족이 '필요인가, 욕구인가?'를 물으며 제동 거는 것이 처음에는 서운하고 불편하게 느껴질 수도 있다. 하지만 습관이 되고 시스템으로 정착되고 나면 굳이 다른 가족 구성원이 묻지 않아도 스스로에게 자문해서 필요와 욕구를 가릴 정도로 편하고 익숙해진다.

절약이나 소비 습관은 정답이 있는 것은 아니기에 마인드 구축이 가장 중요하다. 그러므로 아이가 어릴 때부터 가족끼리 시스템을 만들어서 체화시켜 두어야 한다. 그러면 이후 아이가 성인이 되어 직접 돈을 벌고 소비를 결정할 때도 이것을 적용하여 소비를 통제한다.

우리 가족은 9년 전부터 이 시스템을 도입해 현재까지 꾸준히 실천하고 있다. 일정 금액 이상의 물건을 살 때면 늘 서로를 견제하며 '필요인가, 욕구인가?'를 묻는다. 누군가 무언가를 사고 싶다고 의사를 표현하거나 홈쇼핑 등을 보며 충동적으로 "아, 저거

살래!"라고 말하면 다들 "그거 집에 있잖아", "그거 지난번에 샀잖아", "그거 정말 필요해? 그냥 갖고 싶은 욕구 아니야?"라고 말하며 반복해서 그물을 쳐주는 것이다. 그 모든 그물을 통과하며 '필요'로 인정되면 그제야 구매가 가능해지고, 웬만해선 중간에 걸러지는 게 대부분이다.

우리 가족은 이 시스템 덕분에 소비가 눈에 띄게 줄어들었다. 얼마 전에 나는 오랫동안 사용해온 노트북을 바꾸고 싶어서 최신 사양의 노트북 정보를 살피며 고민에 빠졌었다. 그런 내 모습을 지켜보던 아들이 물었다.

"아빠, 그거 필요예요? 욕구예요?"

아들의 질문에 내심 뜨끔하며, 나는 나의 소비 욕구에 스스로 제동을 걸었다. 내 노트북이 용량이나 속도 면에서 최신 사양보다 떨어지는 것은 사실이지만 사용하는 데는 전혀 문제가 없었다. 그리고 잘만 관리하면 앞으로 몇 년은 끄떡없을 정도로 튼튼했다. 그러니 아직은 필요가 아닌 욕구 단계라 제동을 걸어줄 필요가 있었다.

한쪽의 그물이 제아무리 촘촘해도 또 다른 쪽의 그물이 허술하다면 술술 새기 마련이다. 가족은 공동체인 만큼 어느 한쪽이라도 소비의 철학이 허술하면 밑 빠진 독에 물을 붓는 것과 다를 바 없다. 따라서 반드시 가족 구성원 모두가 공감하는 합의된 시스템을 마련해 충실히 따르도록 해야 한다.

신 포도를 활용해 소비를 통제하라

　나름의 촘촘한 그물로 소비를 통제한다지만 의지와 실천 사이에는 늘 유혹이라는 틈이 존재하기 마련이다. 옷장이 꽉 차 문이 닫히지 않고, 신발장에 신발이 켜켜이 쌓여 있어도 계절만 바뀌면 어쩐 일인지 입을 만한 옷, 신을 만한 신발이 늘 부족하게 느껴진다.

　이처럼 필요가 아닌 욕구임을 알면서도 자제하기 어려운 경우도 분명 있다. 그런데도 최선을 다해 유혹을 떨쳐내야 한다. 이때 이솝 우화 〈여우와 신 포도〉에 나오는 '신 포도 기법'으로 소비의 유혹을 물리치는 것도 꽤 효과적이다.

　"이 구두는 코가 조금 뾰족한 것 같아."

　"이 원피스는 길이가 조금 긴 것 같아."

　"이 가방은 조금 무거운 것 같아."

　"이 재킷은 가격이 조금 비싼 거 같아."

　이처럼 사고 싶은 제품에 대해 아주 작은 부분이라도 마음에 안드는 이유를 계속 찾아내면서 '이것은 내가 원하던 제품이 아니다'라는 결론에 도달하는 것이다. 사실 마음에 쏙 드는, 100% 만족스러운 제품을 만나기는 쉽지 않기에 이런저런 이유를 대며 미루다 보면 그것을 사고 싶었던 욕구가 줄어들고 급기야는 사라지게 된다.

　굳이 '신 포도 기법'이 아니더라도 소비의 욕구를 통제할 나름의 기발한 비법 한두 개 정도는 마련해두면 좋다. 실제로 이런 기법들을 통해 소비 욕구를 까다롭게 통제하다 보면 자신이 필요하다고 느꼈던 것이 욕구였다는 것을 깨닫기도 한다.

한편, 소비 심리를 잘 다스리지 못하면 욕구도 필요로 갈 수 있다. 앞서 말한 '필요냐, 욕구냐'의 기준으로 소비를 꼼꼼히 통제하지만, 간혹 합리화의 함정에 빠질 때가 있다. 욕구를 만족시키기 위해 필요를 만들어내는 것이다.

"이건 투 버튼이고 집에 있는 것은 스리 버튼이잖아. 난 투 버튼의 재킷이 필요하니 이건 꼭 사야 해."

다른 사람이 볼 때는 욕구인데 자신은 그것을 필요로 느낀다. 이것은 의지가 실천으로 가는 과정에서 흔히 겪는 과도기적 현상일 수 있다. 그래서 필요와 욕구를 구분하는 것과는 별개로 '반드시 예산 내에서 소비한다'라는 원칙을 세워두어야 한다. 이 원칙만 꼭 지킨다면 이런저런 시행착오의 시간을 지나오면서 저절로 필요와 욕구를 냉철하게 따질 수 있게 된다.

나는 내 아이들이 자신의 한 달 예산 안에서 나름의 기준을 두고 예산을 쪼개서 사는 것은 크게 간섭하지 않는다. 앞서 말했듯이 우리 가족은 이미 오랜 기간 '필요냐, 욕구냐'를 따지며 소비 욕구를 다스리는 훈련을 해왔다. 그리고 반드시 정해진 예산 안에서 지출한다는 원칙을 잘 지키고 있다.

아들은 취업 이후 줄곧 월급의 70%를 저축하고 나머지 30%로 생활한다. 현재의 욕구를 다스리고 미래를 대비하는 모습이 더없이 감사하고 대견하다. 그런데 아들의 소비를 살펴보니 다소 욕구적인 부분도 보였다. 딸도 마찬가지였다. 둘 다 한창 멋을 내고 개성이 뚜렷한 청춘이다 보니, 먹을 것 안 먹고 즐길 것 덜 즐기며 돈을 아껴 자신이 갖고 싶은 것을 사는 것이다.

　돈을 아끼고 모아서 원하는 것을 사면 만족감도 꽤 클 테고, 그 만족감이 에너지가 될 수도 있으니 예산 안에서 그 정도의 자율성은 주어도 괜찮을 듯하다. 게다가 이는 아직 미혼이기에 가능한 현상이니 예산 안에서 이루어지는 소비라면 크게 신경 쓰지 않아도 된다. 결혼하고 가정경제를 이끌어가는 주체가 되어 주어진 예산 안에서 생활하려면 욕구를 억누르고 필요만을 선택해야 한다는 것을 스스로 깨닫게 된다.

미룰수록 돈 버는 지출도 있다

"우리 집 에어컨은 구형이라 에너지 효율이 5등급이에요. 1등급 모델로 바꾼다면 전기료가 더 적게 나오지 않을까요?"

　틀린 말은 아니다. 구형 가전제품은 에너지 효율이 낮아서 전기요금이 더 많이 나오는 것은 사실이다. 하지만 그렇다고 해서 고장 나지 않은 멀쩡한 제품을 버리고 새것을 구매한다는 것은 말이 안 된다. 더군다나 그것이 전기요금을 절약하기 위한 선택이라면 차라리 에어컨 가동 시간을 줄이고 사용하지 않을 때는 플러그를

뽑아서 대기전력을 없애는 등 다른 방법으로 절약해야 한다.

우리 집 세탁기는 사용한 지 10년이 넘었다. 오랜 세월 사용하다 보니 계속 문제가 생기는데, 급기야 지난겨울에는 탈수하는 도중에 멈춰버렸다. 할 수 없이 세탁기에 들어있던 빨래를 챙겨 들곤 근처 빨래방에 가서 탈수를 했다. 그리고 애프터서비스를 신청해 다시 고쳐 쓰고 있다.

10년이 넘은 데다가 고장도 잦으니 이제 그만 새것으로 구매해도 되지 않겠느냐고 하겠지만 수리만 받으면 한동안은 또 멀쩡하게 사용할 수 있는데 굳이 서둘러 바꿀 이유가 없다. 수리를 받는 과정이 귀찮고 번거롭다고 해서 새 제품을 구매하는 것 역시 내 기준에선 엄연한 과소비다.

가전제품의 교체 시기는 수리기사가 '더는 부품이 생산되지 않는다'라며 완전한 사망 선고를 할 때다. 실제로 우리 집은 텔레비전도 지난 2017년까지 배가 불룩한 브라운관 TV를 사용했다. 그것도 'GoldStar' 로고가 선명한 텔레비전이었으니 족히 20년은 같은 자리에 머물며 우리 가족의 눈과 귀를 즐겁게 해주었다. 이 녀석 또한 더는 부품을 구할 수 없다는 수리기사의 사망 선고와 함께 자신의 자리에서 물러났다.

가전제품이나 자동차 등은 사는 즉시 감가상각의 발생으로 가치가 하락하는 제품이다. 그러니 부품이 없어서 수리할 수 없는 상황이 아니라면 최대한 구매 시기를 뒤로 미루어야 한다. 그것만으로도 돈을 버는 효과가 발생한다.

기존 제품의 교체가 아닌 새로운 제품을 구매할 때도 당장 필요한 것이 아니라면 가능한 한 구매 시기를 늦추는 것이 좋다. 아들이 대학생 때 노트북을 사고 싶다고 해서 필요인지 욕구인지를 물었다. 아들의 설명을 들어보아도, 그리고 내가 생각할 때도 노트북은 아들에게 필요한 물건이라 판단했다. 그런데도 나는 구매 시기를 몇 달 더 미루기로 했다.

"노트북이 얼마지?"

"저렴한 걸로 구매하면 80만 원 정도예요."

"그래? 그럼 네가 절반인 40만 원을 모아 와. 그럼 아빠가 40만 원을 보태줄게."

처음엔 난감해하던 아들도 결국 내 뜻을 따랐다. 아들은 방학이 되자 대형마트에서 물건 나르는 아르바이트를 해서 40만 원을 모았다. 그렇게 힘들게 마련한 노트북이어서인지 아들은 아주 오랫동안, 그리고 아주 유용하게 그것을 활용했다.

자녀들에게 돈과 소비에 대한 올바른 철학을 심어주려면 무언가를 원할 때 그것을 쉽게 얻게 해주어서는 안 된다. 아무리 원해도 시간이 걸려야 얻을 수 있다는 것을 가르쳐야 한다. 그 과정에서 '그것이 정말 내게 필요한 것인가?'를 거듭 고민하게 되고, '그것은 내게 정말 필요한 것이니 힘들더라도 돈을 모아야 한다'라며 노력도 기울이게 된다. 그리고 무엇보다 조급한 마음을 다스리는 힘을 얻을 수 있다.

소비 욕구에 냉정해지기 위해서는 '세상에는 그냥 얻어지는 것은 없다'라는 것을 깨달아야 한다. 경제활동을 하는 성인의 경우는 자신이 그 돈을 벌기 위해 노동을 해야 하고, 그것을 구매함으로써 다른 것을 살 기회를 잃어야 한다. 아직 경제활동을 하지 않는 자녀들의 경우는 최소한 기다리는 시간이라도 지불해야 한다. 그래야만 자신이 구매하려는 것이 돈이나 시간과 같은 아주 귀한 자원과 맞바꾸어지는 것이란 걸 알게 된다.

◎ Check! 돈을 확실하게 낭비하는 15가지 방법 ◎

∨ 주기적으로 복권을 산다.

∨ 2~3년마다 차를 바꾼다.

∨ 투자 수익이 확실하지 않은 저축 상품, 옵션, 부동산 등에 투자한다.

∨ 증시 루머에 이끌려 행동한다.

∨ 친구에게 돈을 빌려준다.

∨ 홈쇼핑 채널을 통해 물건을 자주 구입한다.

∨ 금방 부자로 만들어준다는 사기극에 관심을 둔다.

∨ 신용카드를 여러 장 사용한다.

∨ 정기적으로 명품을 구입한다.

∨ 이자가 적은 저축 상품을 이용한다.

∨ 모든 물품을 편의점에서 구입한다.

∨ 최고급 의상실과 잡화점에서 물건을 구입한다.

∨ 고급 음식점을 자주 이용한다.

∨ 영화관이나 야구장에서 스낵이나 음료를 산다.

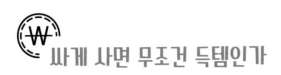

싸게 사면 무조건 득템인가

"두부 한 모를 사러 가서는 뭘 이렇게 많이 샀어?"

저녁 식사 준비를 하다 된장찌개에 넣을 두부 한 모를 남편에게 부탁한 아내는 남편의 손에 매달린 커다란 쇼핑 봉투를 보곤 황당해했다.

"마침 삼겹살이 타임세일을 해서 반값에 득템했어. 그리고 이건 원 플러스 원 행사를 해서 얼른 업어 왔고, 요건 특별세일을 한다기에 한번 사봤어."

"삼겹살은 지난주에 산 것도 다 못 먹고 아직 냉동실에 그대로 있잖아. 그리고 이것들은 당장 먹을 것도 아닌데."

"어차피 다 우리 식구가 먹을 건데 할인할 때 사서 쟁여놓으면 생활비도 절약되고 좋잖아."

"채소나 육류 같은 건 그때그때 먹을 만큼만 사서 신선하게 먹어야지. 그리고 이것들도 다 유통기한이 있잖아."

"그래, 그래. 내가 오늘 저녁에 이것들을 최대한 배 속에 많이 넣어줄 테니 걱정 붙들어 매셔."

"어휴, 정말!"

    절약에 관한 흔한 오해 중 하나가 '싸게 사면 이득'이란 것이다. 평소에 만 원 하던 제품을 반값인 5,000원에 사면 계산상으론 분명 득이 된다. 그래서인지 백화점, 대형마트의 할인 행사는 물론이고, 요즘은 동네 슈퍼나 편의점만 가도 하나를 사면 하나를 덤으로 더 준다는 원 플러스 원, 폭탄세일, 특별세일, 대박세일, 타임세일 등 할인과 관련된 온갖 현란한 문구가 소비자를 유혹한다.

    판매자의 입장에선 이윤을 줄여서라도 더 많이 팔려는 것이니 이익인지 손해인지를 굳이 따질 필요는 없다. 중요한 것은 구매자의 입장이다. 냉동실에 지난주에 사놓은 삼겹살이 아직 반이나 남아 있는데 반값이라고 해서 덜컥 삼겹살을 또 사는 것이 과연 생활비를 절약하는 일인지에 대해선 의문을 가질 필요가 있다.

좋은 할인 vs 나쁜 할인

    '저축'이라는 기준에서 볼 때 돈을 아끼는 것은 돈을 버는 것과 다를 바 없다. 따라서 할인이나 덤 행사를 현명하게 잘 활용하면 가정경제에 도움이 되는 것은 사실이다. 예를 들어 샴푸가 바닥을 드러내서 구매해야 할 목록에 있었는데 마침 반값 세일을 한다면 얼른 장바구니에 넣어야 한다. 이때 두 개를 사도 예산을 초과하지 않으니 미리 하나 더 구매해놓는 것도 나쁘지 않다. 또 당장 급하게 필요한 것이 아니라면 구매할 목록과 예산을 적어두었다가 할인 행사를 기다려서 구매하는 것도 좋다.

나는 억대의 고액 연봉자로 생활하던 시절엔 양복을 무조건 백화점에서 샀다. 지갑이 배가 부르니 굳이 더 싸게 구입하는 방법을 알아볼 필요가 없었다. 그런데 사업을 시작하고 가정경제와 관련된 지식과 철학이 깊어질수록 그간의 나의 생각이나 행동이 얼마나 오만한 것인지를 깨닫게 됐다. 돈이 많은 진짜 부자들조차 소비의 그물을 촘촘히 쳐서 더 아끼고 더 절약하려 노력하는데, 나는 당장의 수입만 믿으며 너무 안일하게 살아왔다는 것을 알게 됐다.

9년 전부터 나는 무엇이든지 미리 계획을 세워 지출한다. 그리고 백화점만 고집하던 양복도 아울렛을 활용하거나 브랜드의 창고 대개방 행사를 기다렸다가 구매한다. 미리 옷장을 살펴 구매 목록을 정하는 것은 물론이고, 예산도 양복 한 벌에 15만 원, 넥타이도 1만 원 정도로만 설정한다.

이처럼 물건을 구매할 때 '미리 계획된 구매 목록 안에 있을 것', '계획된 예산을 초과하지 않을 것'만 지킨다면 할인이나 덤 행사를 적극적으로 활용하는 것은 똑똑하고 합리적인 소비다. 하지만 반값이라고 해서 예산을 초과해서 미리 사둔다거나 구매 목록에도 없는 물건을 사는 것은 당장은 돈을 아끼는 듯 보이지만 결국은 돈은 낭비하는 것과 같은 결과를 가져온다.

옷이든 식료품이든 미리 체크해서 구매 계획을 세워두지 않으면 꼭 필요한 것, 당장 필요한 것이 아님에도 덤, 할인 등의 미끼에 낚여 충동구매, 과소비의 함정에 빠질 위험이 크다. 그뿐이 아니다. 가격도 저렴하고 디자인도 무척이나 마음에 들어서 사 왔는데 집에 와서 보니 비슷한, 심지어는 똑같은 것이 있는 황당한 일이 벌어지기도 한다.

평소 본인이 할인 유혹에 쉽게 흔들리는 성향이라면 무언가를 구매하러 갈 때 지갑을 가볍게 하고 가는 것이 좋다. 즉 계획된 예산만을 지갑에 넣어 가는 것이다. 앞선 사례에서 두부 한 모를 사러 나갈 때 딱 두부 살 돈만 들고 나갔더라면 어땠을까? 제아무리 반값에 준다, 하나를 사면 하나를 더 준다며 유혹해도 돈이 없으니 구매할 수가 없었을 테다.

계획적인 소비가 습관으로 굳어질 때까지 할인이나 덤과 같은 충동적인 구매 유혹을 물리치기 위해서는 필요한 돈만큼만 지갑에 넣어 다니는 등의 강제 장치를 적극적으로 활용할 필요가 있다.

신용카드, 부의 상징인가 빈곤의 늪인가

멋진 슈트 차림의 잘생긴 남자가 최고급 레스토랑에서 아름다운 여자와 품위 있게 식사를 즐긴다. 식사가 끝난 후 남자는 신용카드를 꺼내 결제한다. 여자는 남자의 팔짱을 끼며 사랑스러운 미소를 짓는다.

오래전 신용카드 광고에 등장했던 이 장면에서 남자의 모습은 여유롭다 못해 고급스러워 보이기까지 했다. 덕분에 신용카드는 부와 능력의 상징처럼 느껴지기도 했다.

물론 현실에서 신용카드는 결코 부와 능력의 상징이 되지 않는다. 성인이 되어 경제활동을 시작하면 누구든 신용카드를 발급받을 수 있고, 자신의 한도 내에서 제약 없이 이용할 수 있다. 결국 신용카드 회사는 '평범한 당신도 신용카드를 열심히 이용하면 부자의 럭셔리한 삶을 누려볼 수 있다'는 메시지를 광고에 심어두어 신용카드 발급과 이용을 부추기는 것이다.

물론 신용카드는 한여름 밤의 꿈 같은 고급스러운 일탈을 누리는 것 외에도 많은 장점이 있다. 우선 편리하다. 구매 후 잔돈을 거슬러 받을 필요도 없을뿐더러, 분실할 경우 행방을 알 수 없는 현금과 달리 전화 한 통으로 타인의 이용을 막을 수 있다. 또 굳이 기록하지 않아도 언제 어디서 얼마를 썼는지, 지출 합계는 얼마인지도 한눈에 파악할 수 있다. 또 카드 회사에서 제공하는 각종 할인 혜택이나 적립금, 마일리지 등도 소소한 이익이다.

이런 많은 장점에도 불구하고 수많은 경제학자가 신용카드의 위험성에 대해 경고한다. 게다가 현명하고 똑똑한 진짜 부자들은 신용카드 이용을 최대한 절제한다. 신용카드의 장점들, 특히 치명적인 매력이자 함정인 후불제 기능이 결국 계획에도 없는 과소비와 충동구매를 부추겨 개인과 가정의 경제를 빚의 늪으로 몰아넣는다는 것을 잘 알기 때문이다.

신용카드는 한마디로 외상 거래다. 구매를 먼저 한 후 지불을 한 달여 뒤로 미뤄두는 것이다. '외상이면 소도 잡아먹는다'라는 옛말처럼 당장 지갑에서 돈이 나가지 않으니 지출에 대한 개념이 흐려지고, 한 달여 뒤에 다가올 후폭풍을 미처 예상하지 못할 위험이 있다.

후불제의 기능과 더불어 우리를 소비의 늪으로 몰아넣는 신용카드의 함정은 '무이자 할부' 혜택이다. 여러 번에 걸쳐 돈을 나누어 낸다고 생각하면 물건 가격이 잘 와 닿지 않는다. 그래서 일시불 지급이라면 망설일 고가 제품도 큰 부담을 느끼지 않고 선뜻 구매한다. 100만 원이나 하는 고가 제품도 10개월로 나눠 내면 한 달에 10만 원으로 돈의 단위가 크게 떨어지니 구매에 부담을 덜 느끼는 것이다. 게다가 돈을 여러 개월로 나눠 내면서 이자를 한 푼도 지급하지 않아도 되니 오히려 합리적인 소비라고 착각하기도 한다.

무이자 할부 혜택으로 구매하는 물품들이 많아질수록 매달 고정적으로 지출되는 비용도 커져 생활비의 여유가 그만큼 줄어들게 된다. 당장 쓸 수 있는 현금이 줄어드니 신용카드 이용이 늘어나게 되고, 이것이 반복되다 보면 결국은 쉽사리 벗어날 수 없는 늪에 빠지게 된다.

지금이라도 신용카드를 없앨 수 있다면 없애는 것이 좋다. 신용카드를 없애고 체크카드를 활용하면 매달 정해진 예산 안에서 지출하는 습관을 들이기에 아주 유용하다. 또 현금을 들고 다녀야 하는 불편함도 사라지고, 신용카드와 같은 무분별한 이용도 차단할 수 있다. 게다가 소득공제 비율도 신용카드보다 더 높아서 절세 효과까지 기대할 수 있다.

만약 신용카드 이용 금액이 많이 누적되어 있어서 당장 없애는 것이 어렵다면 이용 한도 금액을 단계적으로 낮추는 것도 좋다. 지난달에 신용카드 총 이용액이 200만 원이었다면 한도를 170만 원 정도로 낮춰서 두석 달을 버텨보고, 이후 다시 140만 원으로 낮춰서 또 두석 달 정도를 지내보는 것이다. 한 번에 큰 금액을 조절하는 것은 어렵지만 30만 원 정도씩을 줄여나가는 것은 조금만 노력하면 충분히 가능한 일이다.

일단 써보고 돈은 나중에 달라고?

"날이면 날마다 오는 게 아닙니다!"

시골 장터에서나 들을 법한 이 멘트는 대부분의 TV 홈쇼핑에서 즐겨 사용하는 단골 멘트다. '더 이상 만날 수 없는 구성과 가격', '앞으로는 못 보여드리는 가격' 등 이번이 마지막 기회임을 어필하는 멘트와 함께 '마감 임박!'이라는 글귀까지 반짝거리면 시청자들은 심장박동 수가 올라가며 불안감이 상승하게 된다. 뭔가 대단한 기회가 온 것 같고, 이번 기회를 놓치면 손해 볼 것 같은 생각에 급기야 자신도 모르게 전화기를 집어 들게 된다.

지난 십여 년 동안 정부는 소비자의 이성적인 판단을 마비시켜 충동구매를 유발하는 문구를 사용할 수 없도록 꾸준히 규제해왔다. 하지만 대부분 권고 조치에 그쳐 유명무실한 상황이었다. 정부가 규제와 처벌의 강도를 높이는 것과는 별개로 자신의 지갑을 지키는 것은 소비자 개인의 몫이기도 하다. 그러니 누구를 탓하기 이전에 유혹에 쉽게 흔들리지 않는 냉철한 소비 철학을 갖추는 것이 우선이다.

'단 한 번의 기회, 마지막 기회'라는 유혹의 멘트 외에도 홈쇼핑의 대표적인 '꼼수' 마케팅 중 하나로 '사용 후에도 마음에 들지 않으면 100% 환불'이라는 제도를 들 수 있다. 구입이 망설여지는 고가 제품이나, 필수품이 아닌 소비성 상품의 충동구매를 이끌기 위해 주로 활용되는데, 이 역시 소비자 마음의 빗장을 허물기에 충분한, 꽤 강력한 힘을 발휘한다.

'먼저 써보고 마음에 안 들면 100% 환불'이라고 하니 소비자 입장에선 결코 손해 보는 일은 아니라는 생각이 든다. 오히려 실제 사용감이 어떤지 확신도 없이 구매하는 것보다 훨씬 더 똑똑한 구매라는 생각마저 든다. 하지만 알고 보면 이것은 소비자 심리를 잘 활용한 고도의 마케팅 전략이다.

대부분의 소비자는 물건을 구입하기 전까지 고민하고, 그 효용이나 필요성을 꼼꼼히 따져 신중하게 결정한다. 그런데 사용한

후 마음에 안 들면 100% 환불받을 수 있다는 조건은 구매 전 고려하던 단계를 느슨하게 만든다. 당장 돈이 나가지 않으니 이것은 단순한 '주문'일 뿐 '구매'는 아니라고 생각하게 되는 것이다.

막상 물건을 구입해서 사용하다 보면 상황이 달라진다. 물건을 사용하기 시작하면 '보유 효과'와 같이 자기 물건에 대한 애착 감정이 생기게 된다. 그리고 설령 마음에 안 드는 점들이 보여도 반품하는 것이 귀찮아 차일피일 미루게 되고, "귀찮게 반품하느니 그냥 쓰지 뭐"라며 스스로 타협점을 찾게 된다.

결국 '마음에 들지 않으면 100% 환불'은 소비자에 대한 배려가 아닌, 선불제를 후불제로 바꾸어 소비자의 이성적인 판단에 혼란을 주려는 홈쇼핑의 꼼수에 불과하다. 그러니 합리적인 소비를 위해서는 물건을 구매하기 전에 100% 환불이라는 전제는 지우고, 정말 필요한 물건인지에 대한 냉정한 판단이 필요하다.

꼭 필요한 물건이라 구매 계획에 있던 제품이 운 좋게 후불제의 혜택까지 주어지는 것이라면 구매하는 것도 나쁘지는 않다. 하지만 계획에 없던 제품인데 자꾸 마음을 흔든다면 얼른 채널을 돌리거나 TV를 꺼야 한다. 유혹에서 벗어나기 위해서는 눈앞에 그것을 두고 이래야 할지 저래야 할지 망설일 것이 아니라 일단 그곳에서 벗어나야 한다. 눈에서 멀어지면 마음에서 멀어진다는 사랑의 법칙은 소비의 유혹에도 그대로 적용된다.

지갑 속 돈 먹는 하마 1 - 고물가

"열심히 벌고 부지런히 모으는데 왜 통장 잔고는 도통 늘지를 않죠?"

"여기선 지금처럼 죽어라 하고 노력해야지만 겨우 현재 상태를 유지할 수 있어요. 만약 현재보다 더 나아지고 싶다면 지금보다 두 배는 더 열심히 노력해야 해요."

어디선가 들어봄 직한 이 대화는 진화학자 밴 베일른의 '레드퀸 효과(Red Queen Effect)'를 가정경제에 적용해본 것이다. '레드퀸 효과'는 제 나름 최선을 다해 달리지만 주변 환경과 경쟁자의 속도가 더 빠르기에 결국은 상대적으로 뒤처지게 된다는 원리를 말한다.

이 이론은 루이스 캐럴의 《거울 나라의 앨리스》에 나오는 한 장면을 소재로 했다.

이야기 속 주인공인 앨리스는 붉은 여왕(Red Queen)의 왕국에

가게 되고, 그곳에서 벗어나기 위해 전속력으로 뛴다.

아무리 뛰어도 제자리를 벗어나지 못하자 앨리스가 여왕에게 물었다.

"계속 뛰는데 왜 이 자리에서 벗어나지를 못하죠?"

앨리스의 물음에 여왕이 대답했다.

"지금처럼 힘껏 달려야지만 겨우 그 자리를 유지할 수 있어. 그 자리에서 벗어나 앞으로 나아가려면 지금보다 두 배는 더 빨리 뛰어야 해."

최선을 다해 열심히 벌고 아끼는데도 도통 주머니 사정이 나아질 기미가 보이지 않는다면 붉은 여왕의 조언에 귀 기울일 필요가 있다. 그 자리에서 벗어나 앞으로 나아가려면 지금보다 두 배는 더 열심히 노력해야 한다.

누가 내 돈을 가져갔을까?

부자가 되기를 희망하며 부지런히 일하고 지갑에도 자물쇠를 꽁꽁 채웠지만 매일 누군가 내 지갑을 열어 야금야금 돈을 빼 간다면 어떻겠는가? 가만히 있으면 저절로 뒤로 가는 붉은 여왕의 나라에 갇힌 앨리스만큼이나 어이없고 황당할 것이다.

부자가 되기 위한 사칙연산에서 반드시 고려해야 할 부분이 있다. 바로 자신이 사용하지 않는데도 저절로 마이너스 버튼을 누르고 있는, 지갑 속 돈 먹는 하마들이다. 그중 대표적인 것이 '고물가'다.

불과 10년 전만 해도 만 원짜리 한 장이면 며칠은 반찬 걱정을 하지 않아도 되었다. 하지만 요즘은 어떤가. 4인 가족을 기준으로 한 끼에 먹을 반찬을 두세 가지만 장만해도 만 원짜리 한 장은 쉽게 빠져나간다.

설마 그 정도일까 하겠지만 대표적인 서민 음식인 짜장면의 가격을 비교해보면 물가가 얼마나 올랐는지 잘 와닿는다. 1982년 짜장면 한 그릇의 가격은 평균 160원 정도였다. 요즘은 160원이란 돈으로 살 수 있는 것이 거의 없을뿐더러, 길을 가다가 100원짜리 동전이 떨어져 있어도 허리를 구부리는 게 귀찮아 그냥 둔다고 할 정도로 돈의 가치를 상실한 금액이다.

그로부터 36년이 지난 2018년 전국 짜장면의 평균 가격은 4,923원이다. 36년이 지나는 동안에 짜장면값은 30배가 넘게 올랐다. 이것을 그대로 미래에 적용한다면 지금으로부터 36년 뒤의 짜장면 가격을 예상할 수 있다. 놀랍게도 약 14만 7,000원의 거금을 지불해야 서민 음식인 짜장면을 먹을 수 있게 된다. 짜장면값이 36년 동안에 30배가 올랐으면 앞으로 36년 후에도 30배가 오르지 않으란 법이 없지 않겠는가. 만약에 부부가 나란히 짜장면을 사 먹는다면 거금 30만 원을 내야 한다.

"그만큼 임금도 오르지 않았나요?"

물론 그사이 임금도 올랐다. 하지만 임금 상승치가 물가 상승치를 따라잡지는 못했다. 2017년을 기준으로 20년 전인 1997년과 비교할 때 물가는 146.7% 상승했다. 이에 비해 임금은 1997년 146만 3,000원(임금 근로자의 월평균 임금, 고용노동부 발표)에서 2017년 7월 236만 8,000원으로 61.9% 상승한 데에 그쳤다. 같은 속도를 유지하며 달렸던 사람들은 20년 사이 물가 상승치를 반도 따라잡지 못해 결국 짜장면을 반 그릇도 먹지 못하는 처지가 된 것이다.

짜장면을 비롯한 장바구니 물가도 문제지만, 그간 아끼고 모아서 장만해두었던 자산 가치 역시 20년 사이에 급격하게 하락했다. 부동산이나 금융 자산이 물가 상승률을 웃도는 수익을 거두지 않는 이상은 가만히 앉아서 돈을 까먹은 꼴이다.

〈날아가는 물가로 돈의 가치가 떨어진다〉

해당 연도 후	1억 원의 가치
5년	86,000,000원
10년	74,000,000원
20년	54,000,000원
30년	40,000,000원

※ 연간 물가 상승률 3% 가정

물가가 상승하면 화폐가치와 구매력이 떨어져 가정경제가 어려워진다. 또한 자산 증가율보다 물가 상승률이 더 높으면 실질적 자산 증가율은 그만큼 마이너스가 된다. 위의 표에서도 알 수 있듯이 연간 물가 상승률을 3%로 가정했을 경우, 현재의 1억 원은 10년 사이 2,600만 원의 가치를 상실해 7,400만 원의 가치밖에 가지지 못한다. '고물가'라는 지갑 속의 돈 먹는 하마가 1년에 260만 원씩 꼬박꼬박 강탈해 가기 때문이다.

조금 더 현실적으로 가정해보자. 현재 1억 원에 해당하는 부동산을 소유하고 있다면 물가 상승률 3%를 적용해 5년이 지나면 가치는 8,600만 원, 10년이 지나면 7,400만 원, 20년이 지나면 5,400만 원으로 줄어들게 된다.

"부동산 경기가 좋지 않아서 집값이 안 올랐어요."

10년 사이 집값이 하나도 오르지 않았다면, 이것은 집값이 오르지 않은 것이 아니라 2,600만 원이 하락한 것이다. 게다가 20년 동안 동일한 시세를 유지한 상태였다면 자산의 가치는 반 정도로 줄어들었다는 것을 의미한다.

물가 상승률보다 더 많이 벌고 더 많이 저축하지 않으면 가정 경제의 어려움을 겪는 것은 물론이고 자산 가치가 마이너스로 향하는 것을 막을 방도가 없다. 따라서 아끼고 모으고 불리는 사칙연산의 계산기를 두드릴 때는 '고물가'로 인한 자산의 마이너스 현상을 반드시 고려해야 한다.

◎ Check! 소비자물가지수의 불편한 진실 ◎

통계청 발표에 따르면, 2018년 소비자물가 상승률은 1~2%대를 꾸준히 유지하며 비교적 안정적인 흐름을 이어갔다. 그런데 어쩐 일인지 서민이 체감하는 물가 상승 폭은 이보다 훨씬 크다. 그도 그럴 것이, 서민의 실생활과 밀접하게 관련이 있는 많은 소비재 가격이 소비자물가 상승률과는 비교가 안 될 정도로 크게 인상되었기 때문이다.

소비자물가지수는 시장에서 자주 거래되는 481개(2018년 기준) 품목의 가격 변동을 평균한 종합적인 가격 수준이므로 상품 중에는 가격 상승률이 높은 상품과 낮은 상품이 다양하게 섞여 있다. 때문에 소비자물가지수는 서민들이 체감하는 물가와 차이가 있을 수 있다.

이에 통계청은 기본 생필품(쌀, 달걀, 배추, 소주 등)을 비롯하여 일반 소비자가 자주 구입하는 상품을 중심으로 156개(2018년 기준) 품목을 선정하여 생활물가지수를 작성해 '체감 물가'를 파악하고 있다.

통계청 발표에 따르면 2018년 8월을 기준으로, 1년 전과 비교해 시금치(69.2%), 미나리(53.0%), 상추(43.1%), 곡물(21.3%) 등 농산물의 가격이 평균 12.4%나 급등했고, 휘발유나 경유 등 석유류의 가격은 10.7%나 올랐다.

당장 밥상 위에 올라야 하는 식품류의 가격이 이토록 크게 상승하니 소비자물가 상승률인 1~2%대는 서민들에게 무의미하게 다가올 수밖에 없다.

지갑 속 돈 먹는 하마 2 – 저금리

　부자가 되고 경제적인 자유를 누리기 위해서는 불편하지만 꼭 알아야 하는 진실이 있다. 은행은 결코 우리의 자산을 불려주는 곳이 아니라는 사실이다. 은행은 돈을 불려주는 곳이 아니라 돈을 모아주고 보관해주는 곳이다. 아니, 냉정하게 말한다면 우리의 돈을 야금야금 좀먹는 곳이다.

　"꼬박꼬박 이자를 주는데 돈을 불려주는 게 아니라고요?"

　"내 돈을 멀쩡히 잘 보존해주는데 야금야금 좀먹는다니요?"

　은행에 예금이나 적금을 들면 원금이 100% 보존되는 데다가, 많든 적든 이자까지 보태어주는데 돈을 불려주는 게 아니라니 선뜻 이해가 가지 않을 수 있다. 더군다나 돈을 야금야금 좀먹다니.

　은행이 고객에게 지불하는 예·적금의 금리는 일반적으로 물가와 같은 폭으로 상승하고 하락한다. 금리란 물가가 오름에 따라 화폐가치가 하락하는 것을 보상하는 의미를 갖기 때문이다. 하지만 현실은 어떤가. 2018년 기준으로 현재 제1금융권인 시중은행의 1

년 만기 정기예금 금리는 평균 2% 수준이다. 이자 소득세를 제외하면 그마저도 다 챙겨 받지 못한다. 더군다나 입출금이 자유로운 보통예금의 경우에는 이자를 아예 받지 못한다고 생각하는 것이 속 편할 정도로 개미 눈물 같은 미미한 수준이다.

이에 비해 물가는 소비자물가 상승률도 시중 금리보다 다소 높은 편인 데다 서민들이 피부로 체감하는 생활물가는 그보다 훨씬 더 많이 올랐으니 결국 금리는 마이너스인 셈이다.

누가 은행을 안전하다 했는가!

"그때가 좋았는데!"

은행에 1억 원을 예금해두면 한 달에 이자만 100만 원을 넘게 챙겨 받던 시절이 있었다. 약 22년 전인 1997년 11월 이전만 해도 우리나라 은행에서 1년 만기 정기예금에 지급하는 금리는 평균 15% 전후였다. 심지어는 세금을 제하고도 이자를 15%나 주는 상품들도 꽤 많았다.

1997년 11월 이후, IMF 외환위기를 거치면서 잠깐 올라갔던 금리는 이후 지속적으로 하락했고, 급기야는 2%를 전후하는 저금리 시대를 맞게 됐다. 이러한 저금리에 실질적인 체감 물가까지 반영되니 결국 마이너스 금리라는 계산이 나오게 된 것이다.

〈물가 상승률에 못 미치는 저금리로 생활은 궁핍해진다〉

| IMF 직전 | 은행 금리 연 15% | 1억 예금 시 매월 125만 원 이자※ |
| 현재 | 은행 금리 연 2.0% | 1억 예금 시 매월 17만 원 이자 |

※ 이자는 세전

　최고의 고금리를 자랑하던 1997년 즈음, 나는 씨티은행에서 지점장으로 일하고 있었다. 금리가 워낙 높던 때라 은퇴 후 퇴직금을 은행에 예금해두고 이자만으로 생활하는 사람들이 꽤 되었다.

　"김 지점장, 내가 이제 은퇴를 해서 더 이상 소득이 없네. 이 돈을 은행에 맡기고 거기서 나오는 이자로 생활해야 되는데 이자를 얼마나 줄 수 있는가?"

　하루는 단골 고객이었던 노부부가 나를 찾아와 퇴직금으로 받은 2억 원을 예금할 테니 이자를 얼마나 줄 수 있는지를 물었다. 앞서 말했듯이 당시만 해도 세금을 제하고 연 15% 정도의 이자가 지급되던 때라 "현재의 금리대로라면 1억 원당 매월 125만 원씩 이자가 지급될 수 있으니 2억 원이면 매월 250만 원씩 이자가 지급될 것입니다"라고 대답했다.

　노부부는 만족해했고, 이후 2년 정도는 매달 지급되는 250만 원의 돈으로 큰 불편함 없이 생활하였다. 하지만 IMF 외환위기 이후 금리는 지속적으로 하락했고, 20년이 지난 현재는 금리가 2%대로 하락해 그 노부부는 2억 원의 예금액에 대한 이자로 매달 33만 원 정도만 받을 수 있게 되었다.

20년 사이 물가는 몇 배로 껑충 뛰어오르고, 은행 금리는 10분의 1 수준으로 줄었으니 은행만 믿고 있었던 노부부는 결국 생활비를 충당하기 위해 원금을 깰 수밖에 없었다.

노부부의 사례에서도 잘 알 수 있듯이 고물가에 이어 저금리 역시 가정경제에 자동으로 마이너스 버튼을 누르는 지갑 속 돈 먹는 하마다. 그러니 무조건 안전함만을 고집하며 은행을 맹신해서는 안 된다. 게다가 마이너스 금리까지 계산한다면 은행도 결코 자산을 온전히 지켜주는 안전한 곳은 아니다.

물가 상승률보다 금리가 높던 시절에는 은행에 저축하는 것은 재산을 모으는 가장 안전하고 확실한 방법이었다. 하지만 현재와 같은 고물가, 저금리 상황에서는 은행에 저축하는 것이 자산의 실질가치를 떨어뜨리는 일이 될 수 있다. 따라서 저축할 때는 물가 상승률을 넘어설 방법을 고민해야 한다. 물가 상승률에 미치지 못하는 금리로 저축한다면 자산 가치를 하락시킬 수 있으므로 효율성을 고려해야 하는 것이다.

지갑 속 돈 먹는 하마 3 – 고령화와 저출산

"이것저것 다 떼고 나면 빛 좋은 개살구네!"

매달 받는 급여명세서이지만 볼 때마다 한숨이 나오는 것은 어쩔 수 없다. 세금, 건강보험료, 국민연금 등 이것저것을 다 떼고 나면 실제 수령액은 확연하게 줄어든다.

"실컷 내기만 하고 막상 늙어서는 혜택도 못 받는 거 아니에요?"

게다가 국민연금을 포함한 공적연금(사학연금, 공무원연금, 군인연금)은 이미 고갈되었거나 고갈될 위험도 있다는데 이렇게 매달 잊지 않고 자동으로 가져가니 불안하기 짝이 없다. 어디 그뿐인가. 1년에 한두 번 갈까 말까 하는 병원인데도 꼬박꼬박 건강보험료를 떼어 가니 억울한 마음마저 든다.

이는 임금 근로자를 비롯한 대부분의 근로자가 느끼는 불안감과 불만일 것이다. 물론 노인 복지를 비롯한 각종 사회보장의 지출 비용을 실질적인 경제활동인구가 나눠서 부담하는 것이니 피할 길도 없고 피해서도 안 된다. 하지만 월급이 오르고 수입이 오를 때마다 떼어 가는 돈도 덩달아 늘어나니 씁쓸한 마음이 드는 것은 어쩔 수 없다. 더군다나 고령화와 저출산으로 점점 더 그 부담이 커지고 있으니 빠져나간 돈의 무게만큼이나 늘어난 한숨이 또다시 어깨를 짓누른다.

OECD의 경고, 한국은 일할 사람 없는 늙은 나라!

100세 시대를 앞두고 장수가 축복인지 재앙인지를 묻는 씁쓸한 현상이 벌어졌다. 장수는 축복받아 마땅한 일이지만 더 이상 경제활동을 할 수 없는 상황에서 당장의 생계를 걱정해야 하는 삶이라면 결코 축복할 일만은 아닌 듯하다.

더군다나 노인의 장수는 개인의 문제로 끝나지 않는다. 노인에게 돌아가는 각종 복지 비용을 경제활동을 하는 청장년층들이 고스란히 부담해야 하니 사회 전체의 고민이 아닐 수 없다. 특히 우리나라는 고령화 속도가 세계 최고라고 할 만큼 급격한 속도로 노인 인구의 비율이 늘고 있어서 청장년층들의 부담 또한 빠르게 가중되고 있다.

	고령화	고령	초고령	소요 연수	
한국	2000	2018	2026		26년
일본	1970	1994	2006		36년
프랑스	1864	1979	2018	고령화>고령>초고령	154년
독일	1932	1972	2009		77년
이탈리아	1927	1988	2006		79년
미국	1942	2015	2036		94년

※ 자료: 보건사회연구원, 보건 복지 포럼

위의 표에서 알 수 있듯이, 미국은 1942년 고령화사회에 진입해 73년 후인 2015년에 고령사회로 진입했다. 그리고 일본은 1970년에 고령화사회에 진입해 24년 후인 1994년에 고령사회로 진입했다. 이에 비해 우리나라는 2000년 고령화사회에 진입해 불과 18년 만인 2018년에 고령사회로 진입했다. 이는 세계에서 가장 빠른 고령화 속도다.

더 큰 문제는 초고령사회로의 진입 역시 머지않았다는 것이다. 전문가들은 2026년이면 우리나라는 노인 인구 비율이 전체 인구의 20%를 넘는 초고령사회에 접어들 것이라 예측한다. 더불어 2050년이 되면 65세 이상 노인 인구의 비율이 38.2%로 상승하여, 일본(37.7%)을 제치고 세계 최고령국이 될 것을 전망한다. 이는 개개인의 세금 부담의 증가뿐만 아니라 나라 전체의 위기가 될 수 있을 정도로 심각한 문제다.

우리나라가 고령화 속도가 빠른 것은 의학 기술과 생명 과학의 발달로 인간 수명이 연장된 이유도 있지만, 사실 더 심각한 이유는 '저출산'에 있다. 늘어난 노인 인구만큼이나 아기들이 많이 태어나 준다면 노인 인구 비율이 심각할 정도로 증가하지는 않는다. 그리고 아기들이 꾸준히 성장해 경제활동을 하게 되면 개개인의 노인 부양 부담도 그만큼 줄어들게 된다.

안타깝게도 현재 우리나라는 부양해야 할 노인 인구 수는 빠르게 증가하지만, 부양의 부담을 나눠지게 될 아이들의 수가 저출산으로 인해 급격히 감소하고 있다. 결국 경제활동이 가능한 청장년층의 인구 한 명이 짊어지게 될 노인 부양의 부담이 점차 증가하게 되니, 이대로 가다가는 자라나는 세대가 부모 세대를 부양하기 위해 뼛골 빠질 일만 남은 셈이다.

〈우리나라 합계출산율〉

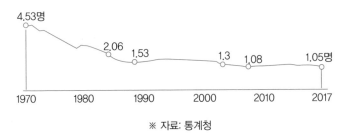

※ 자료: 통계청

우리나라의 합계출산율(한 여성이 가임기간(15~49세) 동안 낳을 것으로 기대되는 평균 출생아 수)을 보면 1970년에는 4.53명으로, 가임여성

1명당 평균 4~5명의 자녀를 두었다. 하지만 이후 정부의 산아제한 정책의 강화로 1980년에는 거의 절반인 2.83명으로 줄었고, 그 후 1990년에는 1.59명, 2000년에는 1.47명으로 점점 줄어들더니 급기야 2010년에 1.23명이 되었다.

정부의 산아제한 정책의 효과가 과했던 탓인지 출산하는 자녀 수가 지나치게 줄어들었고, 이에 정부는 몇 년 전부터 다시 각종 지원을 늘리며 출산을 장려하고 있다. 하지만 고용 불안, 가정경제의 어려움, 맞벌이, 가족에 대한 의식 변화 등 여러 이유로 결혼과 출산을 기피하게 되어 합계출산율은 점점 더 떨어졌고, 결국 2018년에는 0.98명에 이르렀다. 이는 2017년 기준의 OECD 국가 평균 출산율인 1.68에 훨씬 못 미칠 뿐만 아니라 가장 하위에 해당하는 수치다.

다음의 표에서도 알 수 있듯이, 1970년도에는 아기가 많이 태어났고 노인들의 수명도 지금보다 짧아 인구 구조는 안정적인 삼각형 구조를 보였다. 부양 혜택을 받아야 하는 노인 인구에 비해 부양 의무를 나눌 인구가 훨씬 많으니 개개인에게 돌아가는 부담은 그다지 크게 와 닿지 않았다. 하지만 이후 정부의 산아제한 정책으로 2000년에는 아기들이 줄어들고, 20~30대가 늘어나는 구조가 되었다. 그리고 2020년이 되면 20~30대가 줄어 오히려 40~50대가 더 많아지는 인구구조가 되고, 2040년이 되면 60대 이후의 고령 세대가 늘어나는 모습이 된다. 즉, 70년대의 안정적인 삼각형 인구구조는 2040년도가 되면 완전히 뒤집혀, 보기에도 아슬아슬한 역삼각형의 인구구조로 바뀌게 된다.

〈인구 구조의 변화로 노인 인구 부양의 부담이 늘어난다〉

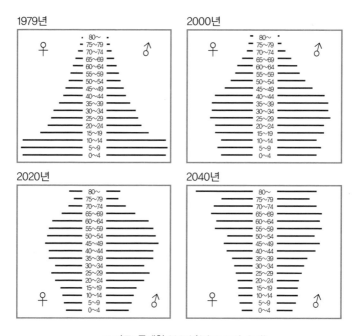

※ 자료: 통계청 2005년(인구 구성 추이)

　　2040년의 인구구조 그래프를 보면, 저출산과 고령화 문제를
한눈에 확인할 수 있다. 역삼각형의 인구구조는 확연하게 늘어난
65세 이상 노인 인구를 몇 안 되는 15~64세 인구가 힘겹게 짊어
지고 있는 모습을 그대로 나타내고 있다. 실제로 2040년이 되면
15~64세의 사람 두 명이 노인 한 명을 부양해야 하는 시대로 바
뀌게 된다고 한다. 이는 과거에 비해서 사회적 부담이 엄청나게
증가한다는 뜻이기에 가정경제는 더욱 위협받을 수밖에 없다.

고령사회, 결국 각자도생이다

고령화와 저출산이 우리 가정경제에 미치는 직접적인 영향은 무엇일까? 첫 번째는 건강보험료의 증가다. 질병에 취약해 병원을 찾을 일이 잦은 노인 인구가 증가하고 혜택받는 기간도 늘어나면서 건강보험료를 납부해야 하는 사람의 부담이 그만큼 커지게 된다. 실제로 들어오는 돈과 나가는 돈의 균형이 깨진 탓에 건강보험관리공단의 재정은 이미 바닥이 났다고 한다.

두 번째로 고령화와 저출산에 의한 공적 퇴직연금 고갈의 위험이다. 우리나라에는 은퇴 이후에 받게 되는 공적 퇴직연금이 네 가지가 있다. 국민연금, 사학연금, 공무원연금, 군인연금이 바로 그것이다.

오래 사는 것은 분명 축복이지만, 오래 사는 인구가 늘어나면 연금을 타는 인구와 기간이 점점 늘어나게 된다. 또한 저출산 때문에 연금을 불입해야 하는 인구는 점점 줄어들게 된다. 그래서 마침내 재정은 고갈되게 된다. 실제로 네 개의 공적연금 중에서 이미 두 개의 연금은 재정이 바닥이 난 상태다.

물론 재정이 바닥났다고 해서 연금을 받지 못하는 것은 아니다. 공적연금은 무슨 일이 있어도 국가가 주겠다고 약속한 것이기에 정부 재정을 털어서라도 연금을 지급한다. 실제로 2012년도에 재정이 바닥난 두 개의 연금과 건강보험의 적자 보전액으로 무려 8조 8,000억 원이 정부 재정에서 지원되었다. 게다가 더 충격적인 사실은 2030년이 되면 이 금액이 기하급수적으로 늘어나서 58조 원이 필요하다는 것이다.

정부의 재정적 지원이 58조 원으로 는다는 것은 우리가 앞으로 부담해야 하는 세금이 어마어마하게 늘어난다는 것을 의미한다. 이는 곧 우리의 급여명세서에 적힌 실수령액이 더 줄어든다는 뜻이며, 그만큼 우리의 가정경제는 힘들어지게 된다는 뜻이다. 고령화와 저출산은 바로 이렇게 우리의 가정경제를 멍들게 하고 경제적 자유를 강탈하는 최대 원흉 중에 하나다.

고령화와 저출산 → 연금 고갈 → 정부 재정 지원 → 세금 증대 →
실질소득 감소

이는 특정 누군가의 잘못으로 벌어진 현상이 아닌 만큼 원망의 대상도 없을뿐더러 해결의 실마리를 찾는 것 또한 쉽지 않고 시간도 많이 걸린다. 그러니 결국은 우리 개개인이 이러한 마이너스 요인까지 고려하여 더 철저하게 대비하는 수밖에 없다. 가만히 있어도 사라지는 돈이 늘고 있는 이 기이한 현상에 대비하려면 가정경제의 낭비 요소를 철저히 제거하고 미래를 위하여 더욱 꼼꼼한 준비를 할 필요가 있다.

제3장
잘 불리기

돈에 시간과 철학을 입혀라

저축과 투자는 성격과 목적이 다르다

"열심히 일해서 돈을 벌고, 절약하고 아껴서 돈을 모으면 부자가 되나요?"

가정경제 관리를 통해 행복한 부자가 되는 법을 강의하면서 나를 가장 당혹스럽게 하는 질문이다. '그렇지 않습니다'라고 대답할 수도 없지만 그렇다고 해서 '네, 그렇습니다!'라고 자신 있게 말할 수도 없기 때문이다.

사실 이는 불과 IMF 전만 해도 충분히 가능한 일이었다. 은행 금리가 평균 15%에 달하던 때였으니 부지런히 벌고 허리띠를 힘껏 죄어 알뜰히 모은 돈을 은행에 차곡차곡 저축만 해도 돈이 돈을 벌어주던, 꿈같던 시절이었다.

안타깝게도 현실은 그때와는 완전히 달라졌다. 게다가 앞으로도 그런 낭만적인 시절은 영영 오지 않을 듯도 하다. 장기간의 경기 침체로 수입은 줄고, 고령화와 저출산, 고물가 등으로 지출은 늘어난 데다, 오랜 저금리 현상으로 은행을 통한 이자 수익 창출은 크게 기대할 수 없는 상황이 되었다.

행복한 부자가 되어 경제적 자유를 얻기 위해서는 돈을 열심히 벌고 절약하는 '더하기'와 '빼기' 공식 외에 돈을 잘 불리는 '곱하기' 공식도 익힐 필요가 있다.

25세부터 60세까지 경제활동을 한다고 가정할 때 돈을 모을 수 있는 기간은 35년에 불과하다. 거기에 은퇴 이후 이렇다 할 수입 없이 돈을 쓰기만 하면서 살아야 하는 40년 정도의 기간이 기다리고 있다.

경제활동을 하는 40년 동안 수입과 지출의 차액을 꾸준히 모은다 한들 남은 40년 기간을 온전히 감당할 만한 금액을 모으기란 현실적으로 힘들다. 그러니 돈을 모을 수 있을 때 무조건 많이 모아야 하고, 모은 돈에 '곱하기' 공식을 적용해 최대한 크게 불려놓아야 한다.

저축 vs 투자

"저축하고 투자하라. 그리고 또 저축하고 투자하라."

투자의 귀재라 불리는 세계적인 투자가 워런 버핏이 한 말이다. '저축→투자'를 반복하면서 돈을 불리는 아주 단순해 보이는 공식이지만 실제 부자가 된 사람의 대부분이 이 공식을 적극적으로 활용하고 있으니 그 힘은 상당하다고 할 수 있다.

워런 버핏의 조언처럼 부자가 되기 위해서는 '저축'과 '투자'라는 두 개의 바퀴를 반복적으로 함께 굴리면서 가야 한다. 그리고 돈을 모으는 목적에 따라 둘 중 어느 것에 더 힘을 실을지도 선택해야 한다. 안전하게 조금씩 모을 것인가, 아니면 좀 불안하더라도 많이 모을 것인가에 따라 '저축'과 '투자'의 비중을 결정하는 것이다.

저축과 투자는 성격과 목적이 매우 다르다. 저축의 특징이자 최고의 매력은 원금이 보장되는 '안정성'에 있다. 그래서 자산을 안전하게 증식시키는 아주 좋은 방법이다. 은행이나 저축은행의 적금, 예금, 저축성 보험과 같은 상품이 여기 해당한다. 하지만 안타깝게도 오늘날과 같은 저금리 시대에서는 저축을 이용해서 자산을 증식하는 데는 매우 많은 시간이 소요된다.

현재의 금리(연 복리 2%)로 매달 100만 원씩 적금을 든다고 가정할 때에 10년이면 원금 1억 2,000만 원과 이자 약 1,280만 원(비과세)을 받게 된다. 원금은 내가 넣은 돈이니 10년 동안 늘어난 자산이라곤 1,000만 원이 전부다. 더군다나 물가 상승률까지 계산하면 실제론 자산이 줄어든 셈이다.

반면 투자는 저금리 시대를 극복하기 위한 대안 상품으로, 원금이 보장되지는 않지만 저축보다는 좀 더 높은 수익률을 기대할 수 있다. 투자는 크게 종목이나 방법을 직접 선택해서 사고파는 '직접투자'와, 전문가에게 투자를 위임하는 '간접투자'로 나뉜다.

직접투자는 경제와 사회 전반에 걸친 폭넓고 깊이 있는 공부와 통찰력 등을 갖춰야 하기에 소요되는 시간이나 노력이 만만치 않다. 이에 비해 간접투자는 투자 전문가가 투자 행위를 대신 해주니 편리하고 위험성도 그만큼 낮아진다. 물론 전문가를 통한 간접투자라 해도 그 책임은 오롯이 자신에게 있고, 안정성 역시 보장받지 못한다.

가장 대표적인 간접투자 상품으로는 '펀드'가 있으며, 펀드에는 매달 적금처럼 일정한 돈을 투자하는 적립식 펀드, 일시로 맡기는 거치식 펀드 등이 있다.

"그래서 저축을 하란 말씀인가요? 투자를 하란 말씀인가요?"

이 역시 당혹스러운 질문이다. 오늘날과 같은 저금리 시대에서는 저축만 해서도 안 되고 그렇다고 투자만 해서도 안 된다. 저축과 투자를 골고루 잘 혼합해서 활용해야 하는데, 그 기본 원칙은 다음과 같다.

먼저 재무 목표를 세워야 한다. 즉 무엇을 위해 언제까지 얼마를 모을지 결정하는 것이다. 목표를 세우면 거기에 소요되는 기간이 역으로 산출된다. 예를 들어서 자녀의 대학 등록금이 목표라면, 앞으로 5년이 남았는지 10년 남았는지 등의 기간이 나올 것이다.

이 기간이 3년 이내라면 예금, 적금 등 원금이 안정적으로 보장되는 저축과 관련한 상품을 선택하고, 3년이 넘는다면 더 큰 수익을 기대할 수 있는 투자와 관련한 상품을 활용하는 것이 좋다. 즉, 저축성 상품은 목표 기간이 3년 이내의 단기 목적자금에, 투자성 상품은 목표 기간이 3년 이상인 중·장기 목적자금에 활용하면 좋다.

투자, 도대체 얼마나 위험한가

모든 금융 상품은 안정성, 수익성, 환금성이라는 세 가지 속성을 가지고 있다. 안정성은 원금이 보장되는가 안 되는가, 수익성은 이자 혹은 수익이 높은가 낮은가, 환금성은 원할 때 돈을 바로 찾을 수 있는가 없는가를 따지는 것인데, 금융 상품에 따라 가지고 있는 속성과 정도가 다르다.

그렇다면 원금이 100% 보장되면서 이자도 많이 주고, 내가 원하는 아무 때나 돈을 찾아 쓸 수 있는 상품이 있을까? 안타깝게도 그런 금융 상품은 지구상에 존재하지 않는다. 세상의 그 어떤 금융 상품도 안정성과 수익성, 환금성을 동시에 보장해주지 않는다. 특히 안정성과 수익성은 반비례 관계라 결코 함께할 수 없다.

금융의 기본 개념인 저축과 투자를 살펴보자면, 저축은 앞서 말했듯이 원금이 100% 보장되어 안정성은 높은 대신 수익성이 아주 낮다. 2018년 기준으로 정기예금이나 적금의 이율은 연 2.0% 정도이고 입출금이 자유로운 보통예금은 0.1~0.2%이니 수익이 낮아도 너무 낮다.

반면 투자는 원금 보장의 안정성은 없다. 즉, 운이 나쁘면 원금의 일정 부분을 잃을 위험도 있다. 그런데 수익성은 저축 상품보다 높을 수 있다.

환금성의 경우, 보통예금이나 MMF와 같은 금융 상품은 원하면 돈을 즉시 찾을 수는 있다. 하지만 정기예금, 적금 등 애초에 기간을 약정한 금융 상품은 돈이 필요해서 중간에 해지할 경우 원금은 보장되지만 약정된 이자를 온전히 챙겨 받지는 못한다.

요즘과 같은 저금리 시대에는 목표 기간이 짧아 안정성을 우선해야 하는 단기 목적자금을 제외하곤 투자는 필수가 되었다. 하지만 투자에 따른 원금 손실의 위험이 큰 걸림돌로 작용하니 여전히 망설일 수밖에 없다.

"투자, 그거 정말 위험한 거잖아요. 잘못하면 큰돈을 잃을 텐데……."

보통은 투자라고 하면 '위험하다'라는 생각이 먼저 떠오른다. 돈을 잃을 수도 있다고 하니 그런 마음이 드는 것은 당연하다. 그리고 그 위험의 정도를 교통사고와 같은 엄청난 것으로 생각하는 사람들도 적지 않다. 교통사고처럼 큰일 나는 것, 절대 일어나면 안 되는 것으로 생각하기에 투자는 망설임을 넘어 절대로 하면 안 되는 것으로 여기기까지 한다.

전문가들은 '투자의 위험은 교통사고의 위험과는 다르다'라고 조언한다. 투자에서 말하는 위험은 원금 손실을 의미하는데, 그 위험의 범위는 클 수도 혹은 작을 수도 있다. 하지만 분명한 것은 투자자 개인이 위험의 범위를 충분히 통제할 수 있다는 사실이다.

대표적인 투자 상품인 펀드의 경우, 예를 들어 A라는 펀드 상품은 마이너스가 나도 5%, 플러스가 나면 5%인 상품이다. 그리고 B 상품은 마이너스가 나도 10%, 플러스가 나면 10%, C 상품은 마이너스가 나도 20%, 플러스가 나면 20%인 상품이라고 가정하자. '하이 리스크 하이 리턴(high risk high return)', 즉 위험이 큰 만큼 기대수익도 커진다.

이처럼 투자가 모두 교통사고처럼 위험한 것이 아니라 투자 방법이나 상품에 따라 리스크가 다르다. 그러니 본인의 투자 성향(투자의 위험을 견뎌낼 수 있는 정도)을 잘 파악해서 그에 맞는 투자 방법과 상품을 선택하면 된다.

리스크, 피할 수 없다면 관리하라

크든 작든 투자는 위험을 감수해야 한다. 행복한 부자가 되기 위해서라면 더욱 투자를 외면해서는 안 된다. 아무리 계산기를 두드려봐도 월급만으로는 사야 할 것, 해야 할 것 등을 감당해내지 못하기 때문이다.

첫 월급으로 200만 원을 받았던 27세 A가 60세 정년에 월 450만 원의 월급을 받는다고 가정해보자. 임금 근로자로 일하는 33년(396개월)간 A의 월 평균 수입은 325만 원이고, 총수입은 대략 12억 8,700만 원이다(325만 원 × 396개월).

38년간의 총수입에서 매달 생활비 200만 원(평균)을 지출했다고 가정하면 저축액은 약 4억 9,500만 원이 된다(125만 원 × 396개월). 여기에 연이율 2%의 이자, 그리고 퇴직금을 받는다고 해도 A가 결혼하고, 집을 마련하고, 자녀를 교육시키고, 30년이 넘는 은퇴 이후의 노후를 대비하기엔 턱없이 부족한 돈이다.

더는 은행의 예·적금에 기대할 수 없는 저금리 시대를 맞아 투자는 선택이 아닌 필수가 되었다. 행복하고 안정적인 가정경제를 바란다면 투자를 하느냐 마느냐를 고민해서는 안 된다. 투자를 필수라 여기고, 어떻게 하면 투자 위험을 줄이고 수익을 창출할 수 있는가를 연구해야 한다.

투자에는 크든 작든 위험이 존재하는 만큼 수익 창출보다 더 중요한 것이 리스크 관리다. 즉, 수익을 많이 내느냐 적게 내느냐보다 손실을 줄이는 데 더 관심을 가져야 한다. 게다가 손실을 많이 줄이면 상대적으로 투자 수익이 많이 생긴다. 예를 들어, A는 1억 원을 10년 동안 투자해서 4,000만 원의 수익을 얻고 1,000만 원의 손실을 보았다면 결국 3,000만 원의 순수익을 얻은 것이 된다. 반면, B는 1억 원을 10년 동안 투자해서 1억 원의 수익을 얻고 8,000만 원의 손실을 보았다면 결국 2,000만 원의 순수익을 얻은 것이 된다. 수익 금액으로만 따지면 B가 A의 2.5배지만, 손실까지 함께 살피면 결국 A가 더 큰 순수익을 얻은 것이 된다.

이런 이유로 전 세계의 투자 전문가들은 지난 수십 년 동안 다양한 방법으로 '위험을 줄이고, 투자를 성공으로 이끄는 방법'에 관해 연구했다. 오랜 연구 끝에 전문가들이 찾아낸 가장 성공적인 투자 방법은 바로 '분산투자', '정기투자', '장기투자'다.

금융 투자에서 리스크는 크게 두 가지다. 첫 번째는 '개별 종목 리스크'로 자신이 선택했던 종목의 주가가 이러저러한 이유로 하락하는 경우다. 10만 원에 샀던 종목이 해당 회사의 문제나 제품 문제 발생 등으로 기업 가치가 떨어져 주가가 5만 원도 채 안 된다면 수익은커녕 투자한 원금마저 반 토막 나게 된다.

'개별 종목 리스크' 외에 또 다른 리스크는 '시스템 리스크'다. IMF 외환 위기, 리먼 브러더스 사태와 같은 사회 전반에 걸친 위기 발생으로 시장 전체가 붕괴됨으로써 오는 투자 손실이다.

종류는 다르지만, 이 두 종류의 리스크 모두 장기투자, 분산투자, 정기투자를 통해 관리할 수 있다. 분산투자의 경우, '계란을 한 바구니에 담지 말라'는 금융 투자의 격언처럼 만에 하나 바구니가 훼손돼 손실 볼 때를 대비해서 투자 바구니를 여러 개 갖추라는 의미다. '개별 종목 리스크'는 종목을 여러 개 선택해 투자금을 분산하면 주가가 오른 종목이 내린 종목의 손실액을 상쇄해주는 효과를 기대할 수 있다.

미국의 경제학자이자 노벨 경제학상 수상자인 마코위츠의 '포트폴리오 이론'에 따르면 투자 종목을 약 30개 정도로 분산하면 개별 종목 리스크를 90% 이상 제거할 수 있다고 한다. 또 1991년 미국의 유명한 금융지인 《파이낸셜 애널리스트 저널(Financial analysts journal)》의 발표에 의하면 분산투자를 했을 때 투자의 성공 확률이 91.3%라고 한다.

'시스템 리스크' 역시 자산 투자 방식을 분산함으로써 금융 투자 리스크를 관리할 수 있다. 3년 이하의 단기간에 반드시 필요한 자산인 경우 안정성이 높은 예·적금으로 관리하고, 투자 상품의 경우도 국내 기업과 국외 기업을 혼용하고 주식 투자와 채권 투자의 비율을 적절히 조정함으로써 좀 더 안정적인 구조로 관리할 수 있다.

장기투자는 '시간'이라는 여유를 가진 덕분에 매매 시점을 좀 더 주도적으로 선택함으로써 리스크를 최소화할 수 있다. 금융 투자에 있어 대부분의 종목은 오름과 내림을 반복하고, 그 주기는 보통 2년에서 4년 정도로 일정하다. 따라서 4년 이상의 기간으로 장기투자를 하면 좀 더 여유로운 시각으로 매매를 계획할 수 있으며, 최고의 수익과 최소의 리스크가 기대되는 시점에 사고파는 것을 결정할 수 있다. 실제로 다양한 연구 자료에서도 투자 기간이 길어질수록 손실 확률은 줄어들고, 얻게 되는 연평균 수익률은 높아지는 것을 확인할 수 있다.

더불어 장기투자는 원금과 투자 수익에 시간의 힘이 곱해져서 복리 효과를 누릴 수 있기에 높은 수익률을 기대할 수 있다. 예를 들어, 1억 원을 연 복리 5%의 수익률로 5년 동안 투자하면 만기 시에 1억 2,800만 원(원금 1억, 이자 2,800만 원, 비과세)이 된다. 그런데 1억 원을 연 복리 5%의 수익률로 30년 동안 투자하면 4억 4,600만 원(원금 1억, 이자 수익 3억 4,600만 원, 비과세)이 된다. 이는 마술을 넘어 마법에 가까운 놀라운 결과가 아닐 수 없다.

한편 정기투자는 매달 일정한 금액을 불입하는 적금처럼, 매달 일정 금액을 정해서 정기적으로 투자하는 것이다. 매월 같은 날 정기적으로 투자하게 될 경우에 '평균매입단가 인하 효과(Cost Averaging Effect)'에 따라 투자 위험을 줄일 수 있다. 그리고 일시에 큰 금액을 투자하는 것은 어렵기도 하고 부담스럽기도 한 일이지만 매달 얼마씩 나누어서 투자하는 것은 소비를 통제하는 일상의 노력만으로도 충분히 가능하다.

"절대 돈을 잃지 마라!"

연평균 수익률을 20% 이상으로 유지하며 투자만으로 세계 최고의 부를 일궈낸 워런 버핏이 조언하는 투자의 제1원칙이다. 그런데 이 원칙을 지키기 위해 원금의 보존만을 최우선시하며 투자에 소극적으로 임하라는 의미는 결코 아닐 것이다. 오히려 리스크를 최소화할 수 있는 다양한 방법들을 연구하고 실천하면서 투자에 능동적으로 임하라는 말일 것이다.

재테크가 아니다, 가정경제관리다

더 늙기 전에 해외여행을 한번 가보고 싶다 하는 노부부를 만난 적이 있다. 언제 어느 나라로 갈 계획인지를 물으니, "글쎄요, 상황을 봐서 갈 수 있으면 가야지요"라고 답했다. 몇 년이 지난 지금, 그 노부부는 그토록 바라던 해외여행을 떠났을까, 못 떠났을까.

부자가 되고 싶다는 막연한 바람을 가진 사람과 부자가 되어야 할 명확한 이유, 그리고 언제까지 어떤 방식으로 얼마를 가진 부자가 되겠다는 구체적인 목표를 가진 사람 중에 누가 부자가 될 확률이 클까? 당연히 후자다. 후자는 부자가 된 자신의 모습을 생생하게 그릴 수 있기에 더 열심히 달릴 수 있다. 하지만 전자는 막연한 바람만큼이나 미래의 모습도 흐릿해서 당장 한 걸음을 떼기도 힘들뿐더러 중간에 포기할 가능성도 크다.

'재테크로 10억 원 벌기!'

한동안 유행처럼 번졌던 재테크 목표였다. 그런데 "왜 10억 원을 모으려고 하느냐?"라고 물었을 때 명확하게 답하는 사람은 별로 없다. 그 정도면 성공한 재테크 같아서, 그 정도면 월급이랑 합쳐서 일생을 편안하게 살 수 있지 않을까 해서 등 막연한 답이 대부분이다.

목표가 분명하지 않은 출발은 가는 내도록 걸음을 갈팡질팡하게 만든다. 돈을 모으더라도 그때그때 필요한 곳에 쓰게 되니 금방 사라져버린다. 예컨대 1,000만 원이 모이면 "절약해서 살았던 덕분에 여윳돈이 생겼는데 자동차나 한번 바꿔볼까?"라며 덜컥 차를 구매한다. 심지어 부족한 돈은 할부 등의 빚으로 남겨두기까지 한다. 그러다가 정작 돈이 필요한 순간이 오면 어찌할 줄을 몰라 당황하고 힘들어한다. 열심히 재테크를 하지만 평생 돈에 쫓기는 삶을 살아가게 된다.

백만장자 vs 빚만장자

2018년 구인구직 매칭플랫폼 사람인이 765명의 직장인을 대상으로 '재테크의 현황에 관한 조사'를 했다. 이 조사에서 재테크를 한다고 대답한 응답자(59.7%)의 45.5%가 직장에 입사한 후 곧장 재테크를 시작했다고 대답했다. 또 '직장 입사 전'부터 재테크를 한 사람도 응답자의 17.3%나 되었고, '입사 1년 후'부터 시작한 사람도 13.1%나 되었다.

이처럼 재테크를 하는 사람의 75.9%가 꽤 이른 시기부터 재테크를 시작했는데도 경제적 자유를 얻는 사람이 많지 않은 이유는 무엇일까? 다음 A의 사례를 살펴보면 그 답을 쉽게 찾을 수 있다.

A는 28세에 취업하고 이후 5년 정도는 나름 절약하며 열심히 돈을 모았다. 그리고 이렇게 모은 돈을 모두 결혼 자금으로 사용했다. 결혼하고 아이가 태어나자 A는 안정된 생활 터전을 갖추기를 바라며 은행에서 대출을 받아 집을 장만했다. 이렇게 은행에서 받은 대출금을 20년 정도 장기간에 걸쳐 갚아나갔다. 매달 100만 원이 넘는 돈이 원금과 이자로 빠져나가다 보니 재테크라는 이름으로 다른 주머니를 만들기가 쉽지만은 않았다.

물론 그사이 매년 작으나마 월급이 오르기도 하고, 아이가 어느 정도 크자 아내가 맞벌이를 시작해 돈이 조금씩 모이기도 했다. 하지만 어쩐 일인지 돈이 어느 정도 모이면 꼭 쓸 일이 생겼다. 자동차를 바꾸고, 여행을 가고, 가구와 가전제품을 바꾸고, 또 어느새 훌쩍 커버린 아이의 대학 등록금으로 사용하게 되었다. 게다가 대학 등록금이 너무 비싸서 할 수 없이 학자금 대출을 받게 되었고, 이를 수년간에 걸쳐 갚아나가야 했다.

50대 중반이 되자 불현듯 노후에 대한 두려움이 엄습해왔고, 부랴부랴 노후를 위해 다시 돈을 모았다. 그런데 취업해서 독립하는 듯싶던 자녀가 갑자기 결혼하겠다고 한다. 언젠가는 할 결혼이니 부모로서 최선을 다하자는 마음에 그간 모아놓았던 돈을 자녀의 결혼 자금으로 모두 사용했다. 그리고 부족한 돈은 대출을 받아 보태주었다.

결국 A는 30년이 넘는 직장 생활을 하면서 남은 것이라곤 서울 외곽의 작은 아파트 한 채가 전부였다. 게다가 아내와의 노후 생활비를 충당하기 위해 그 아파트를 담보로 주택연금을 받고 있으니, 결국 아무것도 남는 게 없는 허망한 삶이 되어버렸다.

취업 이후 A는 한 번도 쉬지 않고 돈을 벌고 모았지만 어쩐 일인지 평생을 대출받고 대출을 갚으면서 살아가는 인생이 되어버렸다. 게다가 그나마 A는 예측이 가능한 무난한 삶을 살았지만 적지 않은 사람들이 살아가면서 인생의 곳곳에서 지뢰를 만나기도 한다.

예기치 못한 사고나 병으로 많은 지출이 발생하고 한동안은 수입이 끊어지기도 한다. 또 의지와는 무관하게 일자리를 잃게 되기도 하고, 부적절한 투자와 실패, 무계획적 재정관리, 충동구매 등으로 경제적 어려움에 직면하기도 한다. 열심히 일하고 아끼고 모으면 모두가 부러워하는 큰 부를 가진 '백만장자'가 될 것이라 기대했지만, 현실은 '빚만장자'로 사는 인생이 되는 것이다.

다르게 생각하고 다르게 실천하라

행복한 부자가 되어 경제적 자유를 얻기 바란다면 다르게 생각하고 다르게 시작해야 한다. 우리가 지금까지 생각하고 있던 재테크에 대한 개념 자체를 완전히 바꿔야 한다. 그리고 단순히 돈을 버는 것만을 목적으로 하는 재테크가 아닌 '가정경제관리'라는 새로운 패러다임으로 전환해야 한다.

재테크는 한마디로 목적도 없이 앞뒤 가리지 않고 '무조건 달리는 것'을 의미한다. 얼핏 들으면 최고의 속도로 달릴 수 있기에 결과 또한 좋을 것 같지만 곰곰이 생각해보면 절대 그렇지 않다는 것을 알 수 있다.

달리기에는 크게 단거리, 중거리, 장거리 경기가 있다. 세계에서 100미터를 가장 빨리 달리는 선수는 우사인 볼트다. 그는 100미터를 무려 9초 58에 뛴다. 만약 우사인 볼트가 100미터를 달리는 속도로 마라톤을 한다면 어떻게 될까? 그 속도로 뛴다면 얼마 가지 못하고 포기하거나 쓰러져 죽거나 둘 중 하나일 것이다.

달리기 경기는 단거리, 중거리, 장거리에 따라 전략과 전술이 달라야 한다. 그래야 원하는 목표를 달성할 수 있다. 재테크도 이와 같다. 단기, 중기, 장기 목표에 따라 투자 상품이 달라야 하고, 각 가정의 처한 상황에 따라 목표가 다르므로 투자 전략과 포트폴리오 역시 달라야 한다. 하지만 지금까지 우리의 재테크는 '무조건 달리기'였다. 부동산이든 금이든, 주식이든 펀드든, 자신의 사정은 고려하지 않고 남들이 한다면 무조건 따라 했다. 재테크를 통해 큰돈을 벌었다는 사람들의 성공 사례는 마치 돈이 있는 곳으로 안내하는 길잡이처럼 여겨져 무조건 그 길을 따라 달렸다. 하지만 막상 달려간 그곳에서 그토록 바라던 돈을 만나기란 생각만큼 쉽지 않다.

목적 없이 무조건 돈을 향해 달리는 재테크와는 달리 '가정경제 관리'는 목적지를 분명하게 정하고 달리는 것이다. 하고 싶은 것, 이루고 싶은 것을 처음부터 정해두고 그것을 향해 달린다. 즉, 재테크는 무조건 돈부터 모은 뒤에 그 돈으로 이것저것 필요한 것을 하는 반면, 가정경제관리는 하고 싶은 것을 먼저 정하고 그에 알맞은 기간과 방식을 결정해서 돈을 모으기 시작하는 것이다.

"그거나 그거나 같은 것 아니에요?"

얼핏 들으면 이 둘은 별 차이가 없는 것 같이 보인다. 그러나 자세히 살펴보면 돈에 대해 접근하는 방식이 본질적으로 다르다. 목표를 정하고 모으면 목표에 따른 적절한 투자 방법이나 상품이 결정된다. 또한 목표를 정하고 모으면 중간에 어려움이 있더라도 목표를 달성하기 위해 멈추지 않고 계속 달려야 하는 동기가 부여된다. 마치 다이어트를 할 때 "두 달 뒤에 있을 동창회에 갈 때 반드시 5kg을 감량해서 이 원피스를 입고 갈 거야!"라며 분명한 목표를 정하고 시작하면 동기부여가 훨씬 잘 되는 것과 같은 이치다. 또 두 달이라는 명확한 기간과 5kg이라는 정확한 목표치가 있으니 그것을 성공시킬 가장 효과적인 방법도 찾게 된다.

이처럼 가정경제관리란 '필요한 시점에 필요한 돈이 마련되어 있도록 미리 계획하고 준비하는 것'을 말한다. 즉 가정경제관리는 인생의 목표를 달성할 수 있게 도와주는 설계도면이라고 할 수 있다.

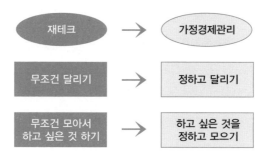

〈재테크에서 가정경제관리로 전환하기〉

집을 짓기 위해서는 설계도면이 필요하다. 설계도면 없이 집을 짓게 되면 원하는 집을 지을 수 없게 된다. 애초에 방 세 개와 화장실 두 개를 염두에 두었지만 분명한 계획과 설계도면 없이 집을 짓다 보면 결국 방 두 개와 화장실 하나만 갖춰질 수 있다. 그러면 그 집에 사는 내내 가족들은 불편함을 겪어야 한다.

미리 그려둔 설계도면에 따라 차근차근 집을 짓듯이, 미래에 발생할 재정적 목표를 정하고 여기에 따라 미리 준비를 해나가야 한다. 예를 들어 3년 후에 결혼 자금, 7년 후에 내 집 마련 자금, 10년 후에 사업 준비 자금, 15년 후에 자녀 대학 학자금, 25년 후에 노후 자금 등의 목표를 세우면 목표 시점까지 남은 기간이 산출된다. 그리고 각각의 목표 금액을 정하면 남은 기간 동안 매월 어느 정도의 금액을 모아야 하는지가 산출된다. 또한 기간에 따라 적절한 투자 방법이나 금융 상품을 선택할 수 있게 된다. 이렇게 미래에 발생할 재정적 목표를 정하고, 여기에 따라 미리 준비하는 것이 '가정경제관리'다.

우리 모두가 꿈꾸는 경제적 자유는 살면서 돈에 구애받지 않고 돈으로부터 자유롭게 사는 것을 의미한다. 똑같이 아끼고 모으지만 늘 돈에 쫓기는 사람과 돈을 리드하며 자유롭게 사는 사람은 앞서 말한 것처럼 돈에 대한 접근 방식이 완전히 다르다. 행복한 부자가 되어 경제적 자유를 얻으려면 '가정경제관리'를 통해 미리 계획하고 준비해야 한다. 돈이 필요한 시기에 맞춰 미리 돈이 준비돼 있으니 삶의 매 순간이 평온하고 안정적일 수 있다.

◎ Check! 가정경제관리를 도입하면 어떤 효과가 있을까? ◎

∨ 계획된 예산을 통해 지출을 효과적으로 통제할 수 있다.

∨ 돈이 필요한 때를 예측하고 미리 준비할 수 있다.

∨ 재정적 위험으로부터 가족을 보호할 수 있다.

∨ 투자 위험을 줄일 수 있다.

∨ 풍요로운 노후를 보낼 수 있다.

∨ 삶에 대한 동기부여와 심리적 안정감을 얻을 수 있다.

∨ 경제적 자유를 얻어 행복한 삶을 영위하게 된다.

출발점과 목표점을 점검하라

달리기만큼은 둘째가라면 서러울 정도로 최고의 실력을 자랑하는 A에게 어디에서 출발해서 어디로 가야 하는지, 왜 가야 하는지에 대한 명확한 정보 없이 일단 달릴 것을 지시했다. 출발 신호가 떨어지기 무섭게 A는 전속력으로 달리기를 시작했다.

무난하고 평범한 달리기 실력이지만 명확한 목표가 주어지면 끝까지 최선을 다하는 성실한 B에게는 어디에서 출발해서 어디까지 가야 하는지, 왜 가야 하는지를 분명하게 설명하고 달릴 것을 지시했다. 출발 신호와 함께 B는 달리기를 시작했지만 역시 A와 비교할 땐 속도의 차이가 확연했다. 동시에 출발한 A와 B 중에 과연 누가 먼저 목표점에 도달할까?

도전의 성공률을 높이기 위한 제1원칙은 도착점과 출발점을 명확하게 하는 것이다. 어디서 출발해서 어디로 갈 것인지를 모르는 사람은 제아무리 속도가 빠르고 기술이 좋아도 성공할 확률이 낮다. 어디로 왜 가야 하는지를 모르니 중간에 포기하기 쉽고, 기껏 전력을 다해 달려가도 전혀 엉뚱한 곳에 도착할 수 있다. 게다가 어디로 가야 할지를 모르니 가는 내내 우왕좌왕하며 걸음이 더뎌지니 전력을 다하기도 힘들다.

행복한 부자가 되어 경제적인 자유를 얻는 길도 이와 다르지 않다. 출발 당시의 자신의 재정 상태와 수입 현황을 냉철히 분석하는 것은 물론이고, 언제 어디로 어떻게 도착해야 할지 도착점도 분명하게 정해두어야 한다. 그러지 않으면 돈이 있으면 쓰고 없으면 쓰지 못하는, 돈에 이끌려 가는 노예의 삶을 살아야 한다.

목표가 정해졌다면 속도와 전략을 결정하라

행복한 부자가 되기 위한 가정경제관리를 위해서는 우선 가정경제의 재무 목표부터 수립해야 한다. 무엇을 위해 언제까지 얼마의 금액을 만들어야 하는지에 대한 목표를 정하는 것이다. 이때 기혼자는 맞벌이 여부를 떠나 반드시 부부가 함께 머리를 맞대고 가정경제의 재무 목표를 수립해야 한다. 왜냐하면 가정은 부부가 함께 만들어가야 할 공동체이기 때문이다. 한배에 탄 사공 두 명이 서로 다른 방향으로 노를 젓는다면 배의 운명은 어떻게 될지 굳이 말하지 않아도 알 테다.

가정경제의 재무 목표는 각 가정마다 처한 환경에 따라 다르며,

목표마다 내용이 다를 수 있다. 인생의 중대한 가정경제의 재무 목표는 일반적으로 크게 다섯 가지로 구분할 수 있다. 결혼 자금, 내 집 마련 자금, 자녀 교육 자금, 자녀 결혼 자금, 노후 자금이 바로 그것이다.

이 다섯 가지의 목표를 기본으로 하되, 이 외에 자동차 구입 자금, 가족 여행 자금, 사업 자금 등 각 가정의 상황에 따라 추가적으로 필요한 목표는 별도로 수립하면 된다. 또한 목표마다 원하는 시기와 원하는 내용을 구체적으로 정해야 한다. 예를 들어 자녀 교육 자금이라고 할 때 자녀 교육의 목표를 대학까지 할 것인지 대학원까지 할 것인지 유학을 보낼 것인지에 따라 준비해야 하는 자금 규모가 달라진다. 노후 자금도 마찬가지다. 노후에 창업이나 부동산 임대업 등으로 소득 활동을 이어갈 것인지, 사는 지역은 어디이며 어떠한 생활 수준으로 살아갈지에 따라 준비해야 하는 노후 자금의 규모도 크게 달라진다.

이렇게 목표를 분명하게, 그리고 구체적으로 잡아놓으면 달성 가능성이 훨씬 높아진다. 무엇을 향해 달려야 할지가 분명하니 의욕이 더 샘솟게 되는 것이다.

가정경제의 목표를 수립했다면, 다음으로 가정경제 현실을 점검해야 한다. 현재 각 가정이 처한 재정적 현황을 자세히 점검하고 검토해야 한다. 가족 사항, 보유하고 있는 자산 및 부채 현황, 수입과 지출 내역, 저축과 투자 내역, 직업의 안정성과 수입의 지속성 등을 점검해야 한다. 목표점이 정해진 만큼 출발점을 분명하게 알아야 속도와 전략을 결정할 수 있기 때문이다.

"속도와 전략이 웬 말인가, 무조건 죽을힘을 다해 열심히 뛰면 되지 않을까?"라고 하겠지만 투자는 '리스크'라는 고려 대상이 있기 때문에 출발점과 목표점이 결정되면 그것을 향해 뛰어야 할 속도를 결정할 수 있고, 그 속도를 유지하면서 가능한 한 안정적인 투자 전략을 모색할 수 있다.

가정경제의 현실을 점검하는 방법을 좀 더 구체적으로 살펴보면, 우선 현재 보유하고 있는 자산 및 부채 현황을 통해 우리 가정의 순자산이 얼마인지를 확인해야 하고, 수입과 지출 내역을 통해 매월 저축할 수 있는 가용 자금 규모를 파악해야 한다. 그리고 불필요하게 또는 과도하게 지출하는 항목이 있는지를 꼼꼼하게 점검해서 추가로 확보할 수 있는 저축액도 파악해야 한다.

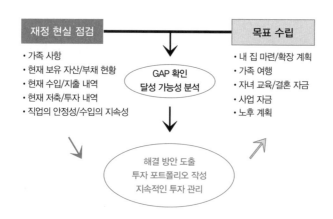

이렇게 가정의 재정 상황이 파악되었다면 이것을 토대로 가정의 경제 목표 달성 가능성을 분석하고 해결 방안을 찾아야 한다. 우선은 원금이 온전히 보존되는 예·적금을 활용해서 목표로 하는 모든 것이 기간 안에 달성되는지를 살펴보아야 한다. 만약 낮은 금리를 활용한 저축만으로도 목표 기간 내에 목표 금액의 달성이 가능하다면 굳이 위험을 감수하면서까지 투자에 뛰어들 필요는 없다. 경제적으로 충분히 자유로운데 더 풍족하기 위해 위험을 감수하는 것은 과욕일 수 있다.

안타깝게도 내가 지금껏 강의하고 상담하면서 만나본 대부분의 가정이 예·적금만으로는 경제 목표를 달성하기 어려운 것으로 나왔다. 그런 가정은 '투자'를 통해 걸음에 속도를 더해야 하고, 가능한 한 넘어지지 않도록 잘 살펴서 달려야 한다.

현실과 목표 사이의 갭이 분명하게 파악되었다면, 이를 메우고 목표 지점에 안전하게 도달할 수 있는 투자 포트폴리오를 작성해야 한다. 그리고 꾸준한 실천과 지속적인 투자 관리를 통해 리스크를 최소화하고, 목표 지점까지 안전하게 도달할 수 있도록 최선을 다해야 한다.

투자, 나만의 원칙을 세워라!

'언제 어디에 얼마나 쓸 것인가'와 관련된 재무 목표가 정해졌다면, '어떻게 돈을 마련할 것인가'와 관련된 투자 방식을 선택해야 한다. 투자 방식이나 상품 선택은 정해진 답이 없다. 나이나 소득 수준, 가족 관계 등 각자의 형편이 다르므로 자신에게 맞는 방식을 선택해야 한다.

50대에 위기를 직감하고 돈 관리를 시작한 사람과 20대에 첫 취업을 하며 돈 관리를 시작한 사람은 재무 목표와 목표 금액, 그리고 투자 기간이 다를 수밖에 없다. 또 같은 30대라고 해도 월 소득이 300만 원인 사람과 500만 원인 사람의 돈 관리법, 그리고 독신주의자여서 혼자의 삶만을 설계하면 되는 사람과 배우자와 자녀를 포함한 3~4인 가족의 미래를 설계해야 하는 사람의 입장은 확연히 다르다.

이처럼 자신의 처지에 대한 냉철한 분석과 더불어 필요한 것이 자신의 투자 성향에 대한 파악이다. 높은 위험을 감수할 만큼 대범하고 여유로운 성격이면 높은 수익을 기대하는 공격적인 투자도 괜찮다. 하지만 돈을 잃으면 밤에 잠을 못 잘 정도로 안정성을 강하게 추구하는 성격이라면 안정적인 투자를 선택해야 한다. 그리고 수익성과 안정성을 어느 정도 타협할 수 있는 성향이라면 재무 목표와 목표 금액, 그리고 투자 기간을 고려해 저축과 투자를 적절히 혼용하면 된다.

투자의 경우 책이나 기사, 강의, 상담 등을 통해 기본적인 지식을 쌓는 것은 물론이고 자신만의 투자 원칙도 함께 정해야 한다. 투자에는 "이렇게 하면 무조건 돈을 번다!"와 같은 절대 공식은 없다. 전문가마다 의견이 다르기도 하고, 같은 의견이라도 상황에 따라 맞을 수도 혹은 틀릴 수도 있다. '보너스와 같은 여윳돈으로 투자하라'라는 의견도 있고, '여윳돈만으론 절대 돈을 벌 수 없다. 아끼고 모아서 일부러 투자할 돈을 만들어라'라는 의견도 있다. 이것은 누구의 말이 옳고 그르다기보다는 개개인의 상황과 성향에 따라 다른 결과가 나올 수 있으니 올바른 판단을 위해서는 자신에게 꼭 맞는 투자 원칙부터 정해두어야 한다. 그리고 그것을 반드시 지키며 투자에 임하겠다고 각오해야 한다.

한편, 금융 투자의 일반적인 원칙이 있다. 예를 들면 '과욕은 금물이다', '쌀 때 사서 비쌀 때 판다'와 같은 누가 봐도 맞는 말인, 일반적인 원칙들은 항상 염두에 둘 필요가 있다.

'쌀 때 사서 비쌀 때 파는 것, 그거 당연한 것 아닌가?'라고 생각하지만 정작 자신이 산 주식이 지속적으로 하락하고 있다면 '지금은 추가로 살 때가 아니야'라며 평정심을 찾기가 쉽지 않다. 오히려 투자금을 반이라도 건질 수 있을 때 얼른 팔아야 하는 것이 아닌가 하는 불안감에 밤잠까지 설치게 된다.

주가가 계속 오르고 있을 때도 마찬가지다. 비쌀 때는 파는 것이 원칙이지만 계속 오를 것을 기대하며 오히려 비싼 가격에 추가로 매수하게 된다. 이처럼 '쌀 때 사서 비쌀 때 판다'라는 당연한 원칙을 상식처럼 여기면서도, 정작 실전에서는 평상심을 잃고 갈팡질팡하며 혼란스러워한다. 실제로 강의할 때 "이럴 경우 사야 할까요, 팔아야 할까요?"라고 물으면 다들 대답이 엇갈리고,

심지어는 "모르겠어요"라고 대답하는 사람들도 많다.

이러한 혼란을 겪지 않으려면 그 무엇에도 흔들리지 않는 나만의 투자 원칙을 세우고, 그것을 충실히 지켜야 한다.

이젠, 투자가 아닌 관리의 시대

2018년 구인구직 매칭플랫폼 사람인이 직장인을 대상으로 실시한 '재테크 현황에 관한 조사'에서 응답자(765명)의 59.7%가 현재 재테크를 하고 있으며, 월수입의 34% 정도를 매월 재테크에 투입한다고 대답했다. 직장인 10명 중 6명이 매달 월급의 3분의 1 이상을 들여서 재테크를 하는 셈이다.

"그렇다면 재테크란 무엇인가요? 도대체 재테크가 무엇이기에 매달 월급의 3분의 1을 소비해가며 재테크를 하는 걸까요?"

강의나 상담을 하며 사람들에게 물어보면 공통적으로 '돈을 많이 버는 것'이라고 답한다.

재테크의 목표는 돈을 많이 버는 것이고, 재테크에서 가장 중요한 것은 수익률이다. 부동산, 금, 주식, 채권, 펀드, 그리고 예금, 적금 등 다양한 재테크 수단을 통해 높은 수익률을 얻으려면 무엇이 중요할까? 정답은 '타이밍'이다.

부동산이든 주식이든 금이든 쌀 때 사서 비쌀 때 팔면 수익을 얻게 된다. 이는 누구나 아는 사실이다. 하지만 정작 언제가 쌀 때인지, 즉 언제가 사야 할 때인지를 알고, 또 언제가 비쌀 때인지, 즉 언제가 팔아야 할 때인지를 정확히 아는 사람은 없다.

많은 전문가가 수년간의 연구 자료를 통해서, 그리고 다양한 기법을 활용하여 매수 시점과 매도 시점인 '타이밍'을 알아내려고 한다. 하지만 세계 최고의 투자가조차도 확언하기가 힘들 정도로 타이밍을 찾아내는 것은 모든 투자자에게 무척 어려운 일이다.

재테크의 목표는 수익률이고, 높은 수익률을 얻기 위해서는 타이밍을 찾아내는 것이 중요한데, 그 타이밍을 찾아내는 것이 거의 불가능하다는 점이 참으로 이율배반적인 모습이다. 그만큼 재테크는 어렵고 또 어렵다.

돈을 벌려면 돈에 대한 집착부터 내려놓아라

세계적으로 유명한 동기부여 전문가이자 베스트셀러 작가인 앤드루 매슈스는 "돈에 너무 집착하면 돈을 벌기도, 번 돈을 갖고 있기도 힘들다. 돈을 벌거나 모으려면 우선 돈을 편하게 생각해야 한다"라고 했다.

돈은 일생을 편리하고 편안하게 살아가는 데 큰 도움이 되는 중요한 것이지만, 그렇다고 해서 너무 집착하면 돈에 끌려가는 삶을 살게 된다. 모든 선택의 기준이 '돈'일 테니 그 때문에 때론 더 큰 돈을 잃기도 하고, 돈보다 더 소중한 것을 잃기도 한다. 그리고 무엇보다 돈의 주인이 아닌 노예가 되어 평생 돈에 속박당하고 휘둘리며 살게 된다.

이기기 위해 링 위에 올라선 선수가 승부에 의연하기란 쉽지 않다. 하지만 승부에 지나치게 집착한 나머지 물러서야 할 타이밍임에도 무조건 펀치를 날리며 돌진한다면 에너지만 허비하게 되어 승률은 더 떨어지게 된다. 투자도 마찬가지다. 경제적 자유를 얻고 행복한 부자가 되기 위해서는 분명 돈이 필요하지만 그렇다고 해서 돈이 선택과 판단의 절대적인 기준이 되어서는 안 된다.

돈에 집착한 재테크는 자신만의 건강하고 확고한 소신 없이 그저 남이 하는 대로 이리저리 따라갈 위험이 있다. 특히 주식 투자와 같은 금융 투자의 경우 하루하루 돈의 오르내림이 확인되니 결과에 따라 일희일비하게 되고, 결국 소신은 깃털처럼 가벼워지고 돈에 대한 집착은 바위처럼 무거워진다.

부부나 연인 사이에 운전을 가르쳐주다 다투는 경우를 종종 본다. 좀 더 잘했으면 좋겠다는 마음에 평정심을 잃고 버럭 화를 내게 되고, 이에 상대방은 마음을 다치게 된다. 이런 풍경은 초등학생 이상인 자녀에게 공부를 가르치는 부모 모습에서도 종종 볼 수 있다. 답답함을 참지 못해 목소리를 높이다 보면 결국 아이를 울리기도 한다.

상대를 사랑하는 마음에, 혹은 돈을 좀 아껴볼 요량으로 직접 가르침에 나섰지만 결국 성과는 없이 서로 마음만 상하게 된다.

차라리 운전이든 공부든 처음부터 전문가에게 맡겼더라면 어땠을까? 감정이 개입되지 않으니 평정심을 유지하기가 쉽고, 서로 마음도 상하지 않을뿐더러 전문가로서의 탄탄한 실력이 있으니 결국 성과도 더 좋았을 테다.

금융 투자도 이와 다르지 않다. 본인이 직접 주식을 선택해서 사고파는 직접투자를 통해서도 분명 수익을 올리는 사람들이 있다. 하지만 나는 강의나 상담을 할 때 직접투자는 그다지 권장하지 않는다.

앞서 말했듯이, 직접투자는 사회와 경제 전반에 걸친 폭넓고 깊이 있는 공부와 통찰력 등이 전제되어야 한다. 이를 위해선 상당한 시간과 경험이 필요한데, 사실 그럴 시간과 에너지를 자신의 본업에 쏟고, 투자는 좀 더 전문적인 지식과 경험을 갖춘 전문가에게 맡기는 것이 낫다. 또 무엇보다, 어떤 상황에서도 평정심을 유지하며 이성적인 판단을 할 수 있는 전문가와는 달리 직접투자의 당사자는 자신의 돈이 늘었다가 줄었다가 하는 것을 눈앞에서 지켜보면서 평정심을 유지하기란 쉽지 않다.

주식을 직접 선택해서 사고팔다 보면 이성적인 판단보다는 당시의 감정에 더 끌려가게 된다. 팔면 안 되는 시점인 줄 뻔히 알면서도 불안한 마음에 팔고, 이렇다 할 확신 없이 주위의 권유에 종목을 선택하기도 한다. 이런 이유로 주식 투자에 대한 충분한 지식과 경험, 그리고 돈과 투자에 대한 확고한 철학과 신념이 없다면 투자는 전문가에게 위임하기를 조언한다.

전문가를 통한 간접투자는 수수료를 지불해야 한다는 부담이 있지만, 요즘은 펀드 등이 대중화되었기에 수수료도 많이 낮아졌다. 그리고 무엇보다 전문가의 깊은 경험과 지식이 수수료를 신경 쓰지 않아도 될 만큼의 만족스러운 성과를 안겨준다.

전문가에게 투자 관리를 위임하고, 당신은 전문가를 관리하라

투자에서 높은 수익을 올리는 것보다 더 중요하게 생각해야 할 것이 리스크 관리다. 리스크가 나는 만큼 수익이 줄어들 뿐만 아니라 심지어는 한 번의 손실로 1년 내내 올린 수익이 통째로 날아갈 수도 있기 때문이다. 이런 이유로 앞에서 언급한 대로, 전 세계의 투자 전문가들이 오랜 세월 리스크 줄이는 방법을 연구했고, 그 결과로 찾은 해답이 장기투자, 분산투자, 정기투자다. 그리고 이 세 가지를 모두 도입한 상품이 바로 펀드와 변액보험이다.

먼저 펀드에 대해 알아보자. 펀드는 여러 투자자의 돈을 모아서 투자 전문가인 펀드매니저가 대신 투자해주는 상품을 말하는데, 펀드를 통해 수익을 얻기 위해서는 선택을 잘해야 한다.

사람들이 펀드를 선택하는 기준으로 가장 많이 꼽는 것이 수익률이다. 예·적금과 같은 일반 저축보다 더 높은 수익률을 얻기 위해 다소의 위험을 무릅쓰고 투자한 것이기에 수익률은 중요한 것임이 분명하다. 하지만 무조건 수익률만 보고 선택했다가는 낭패를 볼 수 있다. 운이 좋아서 단기간에 반짝한 수익률일 수 있으니 운인지 실력인지를 가리려면 그 외의 것들도 꼼꼼히 살펴야 한다. 다음은 펀드를 고를 때 고려해야 할 점이다.

- 새로 생겨난 신규 펀드보다는 최소 2~3년은 지난 펀드를 선택하라. 주식시장에서 펀드의 안정성을 충분히 검증받고 수익률 또한 명확한 숫자로 따져볼 수 있기 때문이다.

- 펀드의 자산 규모를 살펴라. 펀드는 여러 사람이 투자한 돈으로 주식과 채권 등에 투자하여 수익을 창출하기 때문에 자산 규모(펀드설정액)는 펀드에 얼마나 많은 돈이 모여 있는지와 운용 규모를 짐작하는 중요한 지표다. 일반적으로 자산이 1조 원이 넘는 큰 펀드들이 분산투자와 관리 등에 적극적이라 안정적이고 수익률도 높다고 할 수 있다.

- 펀드매니저가 자주 바뀌는지 아닌지를 봐라. 펀드매니저가 자주 바뀐다면 그 펀드는 이렇다 할 전략이 없다고 보아도 무방하다. 펀드를 담당해서 이끌어갈 매니저가 수시로 바뀌니 긴 안목으로 전체를 바라보며 전략을 짜고 이끌어갈 사람이 없다는 의미다. 그러니 당연히 안정성도 낮고 수익률도 크게 기대하기 힘들다.

이 외에도 책이나 인터넷 검색 등을 통해 좋은 펀드 고르는 법에 대한 정보를 충분히 구할 수 있다. 하지만 개인이 이런 것들을 세세히 살피며 좋은 펀드를 구별하기가 쉽지 않다. 그래서 전문가의 도움을 받아 자신에게 가장 적합한 금융 및 자산 설계의 지원과 적합한 솔루션을 추천받는다. 이런 이유로, 오늘날은 투자의 시대가 아닌 관리의 시대라고 한다.

펀드만 하더라도 전문 재무설계사를 통해 좋은 펀드를 선택하고 유지하며, 변화된 상황에 맞춰 더 나은 펀드로 갈아타는 등의 전문적인 관리를 받는 것이 그렇지 않을 때보다 더 큰 수익률을 기대할 수 있다.

또 변액보험의 경우는 여러 개의 펀드를 선택해서 포트폴리오를 구성하고 구성된 펀드를 변경할 수 있는데, 시장 상황과 중요한 트렌드의 변화에 따라 펀드 구성을 변경하거나 안정성이 높은 채권형 상품과 수익성이 높은 주식형 상품의 구성 비율을 적절히 조절해야 한다.

이러한 펀드 변경은 인터넷을 통해 개인도 어렵지 않게 할 수 있다. 하지만 어느 시점이 변경의 최적 타이밍인지를 파악하기도 힘들고, 본업이 따로 있는 상황에서 일일이 주가를 들여다보며 신경을 쓰기도 쉽지 않다. 그래서 요즘은 이 또한 재무설계사를 통해 전문적으로 관리받는 사람이 늘고 있다. 전문가를 통해 꾸준히 관리를 해주는 것과 그냥 내버려 두는 것은 수익률에서 큰 차이가 나기에 비용을 들여서라도 흔쾌히 전문가의 도움을 받는 것이다.

"세상에 나쁜 금융 상품은 없다. 나에게 맞지 않는 금융 상품이 있을 뿐이다"라는 말처럼 동일한 상품이라도 누군가에게는 최고의 선택일 수 있지만 다른 누군가에겐 최악의 선택일 수도 있다. 그러니 금융 상품을 선택할 때는 자신의 경제적인 상황, 재무 목표, 투자 성향 등을 아는 것은 물론이고 해당 상품의 특성까지 꼼꼼히 잘 파악해야 한다. 그랬을 때 그게 바로 좋은 상품이다.

물론 자신에게 꼭 맞는 상품은 가변적일 수 있다. 국내외의 경기 변동, 사회 · 경제적 주요 이슈 등 주식시장의 트렌드 변동에 따라 자신에게 적합한 상품이 달라질 수 있다. 이러한 금융 투자 전반에 관련된 냉철하고 이성적인 분석과 판단을 위해 전문가의 관리를 받는 것도 큰 도움이 된다.

부동산, 불패 신화는 없다!

"내 이름으로 된 집 한 채는 있어야죠!"

불과 30~40년 전만 해도 우리나라 국민들에겐 내 집 마련이 절대 과제였다. 주인집의 사정에 따라 예상치도 않게 집을 비워 줘야 하는 일이 생기고, 그럴 때마다 온 가족이 이삿짐을 꾸리며 집 없는 설움과 불편을 온몸으로 겪어야 했다. 이런 이유로 내 집 마련은 안정과 부의 상징이 되었고, 그만큼 내 집에 대한 간절함도 커져갔다.

물론 이렇다 할 재테크 수단이 없던 때라 당시에도 집값 상승을 기대하고 재테크 목적으로 집을 사는 사람도 있었다. 하지만 요즘처럼 부동산 재테크가 대중적이지 않아서 일반적으로 집은 거주 목적이 우선이었다.

이후 주택에 대한 수요가 꾸준히 증가했지만 공급량이 속도를 맞춰주지 못한 탓에 자연스레 집값은 상승했다. 덕분에 '집값이 더 오르기 전에 얼른 내 집을 사야 한다', '집을 사고파는 시세 차익을 이용해 돈을 좀 벌어봐야겠다'와 같은 다양한 니즈가 생겨났고, 이에 집값은 꾸준하게 상승기류를 탔다.

2000년대 들어서 아파트를 비롯한 부동산이 본격적으로 급부상한 것은 2003년 후반부터다. 이후로 몇 년간은 1차 부동산 버블기로 평가될 정도로 집값이 심하게 뛰어올랐고, 2006년부터 3년여의 기간은 부르는 게 값일 정도로 불패 신화를 써내려갔다. 자료에 의하면, 2003년 9월부터 미국에서 서브프라임 모기지 사태가 발생한 2008년 9월까지 약 5년간 전국의 주택 가격은 평균 22.1% 상승했고, 서울은 40.9%나 올랐다.

이후로 부동산 가격은 오르내림을 반복하며 지금까지 이어져오고 있지만 변화의 폭은 확연하게 줄어들었다. 수요를 따라잡는 공급 정책으로 이미 주택 시장에는 충분한 공급이 이루어진 데다가 지속적인 출산율 저하로 인해 수요도 차츰 줄어들고 있다.

투자 목적으로 1인이 여러 주택을 소유한 예외의 경우도 있지만, 일반적으로 시장은 수요와 공급의 법칙에서 자유로울 수 없기에 결국 가격 또한 합리적인 선에서 형성될 수밖에 없다.

잔치는 끝났다, 투자보다는 거주 목적으로!

인생에서 가장 왕성하게 활동하며 많은 소득과 지출이 발생하는 시기는 언제일까? 바로 40대다. 취업과 결혼을 한 지 10여 년 정도가 지났을 때라 소득도 제법 높은 데다 한두 명의 자녀에 대한 양육비와 주거 비용, 생활비 등으로 지출도 꽤 높을 때다. 전문가들 역시 40대 인구가 전체 인구의 평균 소득과 지출을 끌어올리고, 경기를 활성화시키고 있다고 분석하고 있다.

40대는 소득이 많은 시기라 집이나 부동산에 대한 욕구도 높고, 이러한 욕구는 실질적인 구매로 이어진다. 그래서 40대 인구가 많은 시기에는 전체적으로 지가가 상승하는 현상을 보이게 된다. 일본의 사례를 보면, 1972년부터 2004년 사이에 40대 인구의 비중이 증가하고 감소함에 따라 지가가 40대 인구 곡선과 아주 유사하게 상승하거나 하락하는 현상을 보였다. 이런 현상을 토대로 전문가들은 40대 인구의 비중이 지가에 상당한 영향을 미친다고 분석했다.

우리나라도 일본의 경우와 크게 다르지 않았다. 우리나라의 지가도 40대 인구 비중과 상당한 연관 관계를 보였다. 특히 우리나라의 베이비붐 세대(1955~1963년생)가 40대가 되면서 경제력을 갖춘 인구가 폭발적으로 늘어난 덕분에 지가도 크게 상승했다. 하지만 40대였던 베이비붐 세대가 50~60대로 올라간 이후부터는 40대의 비중이 점차 감소하면서 지가도 함께 하락세를 보였다.

전문가 중에는 베이비붐 세대가 은퇴하는 시기에 지가가 크게 떨어질 것을 예상하는 경우도 적지 않다. 베이비붐 세대의 특징은 위로 부모를 부양하고 아래로 자녀에게 모든 것을 투자하는, 소위 말하는 '낀 세대'라고 한다. 덕분에 열심히 노력해서 최고의 목표였던 집을 마련했으나, 자녀 교육과 결혼을 마치고 나니 현금 자산은 없고 노후 준비도 제대로 못 한 상황에 직면하게 된다. 결국 노후를 위해 남은 자산인 부동산을 처분하거나 작은 규모로 줄여 노후를 보내야 한다.

이런 이유로 전문가들은 베이비붐 세대가 은퇴하기 시작하면서부터 그들이 갖고 있던 집을 내놓게 될 것이고, 저출산으로 인한 인구 감소로 주택 수요가 적어짐에 따라 주택 가격은 과거와 같은 상승은 기대하기 어렵고 오히려 떨어질 수 있다고 예상한다.

40대 인구 비중 외에도 주택에 대한 인식 변화, 라이프 스타일의 변화도 부동산 경기와 지가에 영향을 미치는 변수로 작용한다. 요즘은 30~40년 전보다 집에 대한 인식이 많이 달라졌다. 전세 물량의 공급이 충분해 '집주인은 갑이고 세입자는 을이다'라는 공식은 무너졌고, 집 없는 설움을 면하기 위해 내 집을 마련해야 한다는 생각도 많이 줄어들었다. 따라서 자가인가 전세인가와 같은 집의 소유 형태보다는 경제적 형편과 생활환경의 편의성 등을 고려해 가장 최적의 선택을 할 수 있게 됐다.

게다가 최근에는 비혼주의, 1인 가구 증가로 인해 집을 여러 사람이 나누어 사용하는 '셰어하우스'와 같은 새로운 개념의 주거문화 또한 등장하고 있어서, 내 집 마련에 대한 니즈는 점점 더 줄어들 것이라는 조심스러운 전망도 있다.

사실 전문가들의 전문적인 분석이 아니더라도 시장에 나온 대부분의 상품은 수요와 공급에 의해 가격이 형성될 수밖에 없다.

만일 집이 10 공급되었는데 수요가 5밖에 되지 않는다면 집값은 당연히 떨어질 테고, 수요가 20이라면 반대로 집값은 상승할 것이다. 시장에 공급된 집은 충분한데 인구 증가율이 감소하고 있으니 장기적으로 볼 때 집값의 하락은 피할 수 없다.

이러한 시기가 급격하게 찾아올 것인지 다소 느리게 찾아올 것인지, 그리고 이 법칙에서 예외인 특수한 지역이 있을 것인지에 대해선 그 누구도 확언할 수 없다. 하지만 확실한 것은 집이나 부동산에 투자하면 큰 이익을 본다는 '부동산 불패 신화'만은 더는 기대할 수 없다는 것이다.

"그럼 이제 집을 사면 안 되는 건가요?"

부동산 시세 차익을 통한 수익 창출이 기대만큼 크지 않을 것이란 전망이 주택을 구매해서는 안 된다는 의미는 아니다. 대신 주택 매입에 대한 여부를 판단할 때 투자보다는 거주 목적이 우선되어야 함을 잊지 말아야 한다.

집값의 오르내림과는 상관없이 집을 사는 것은 개인의 상황과 처지가 더 우선이다. 직장이나 학교, 사업 등의 사정으로 오랜 세월 같은 지역에 머물러야 한다면 집값의 변동보다는 거주 안정이 우선이다. 이럴 경우 자가를 구매하면 전세나 월세로 살면서 부담하게 되는 이사 비용과 부동산 중개수수료 지출을 막을 수 있고, 무엇보다 안정감을 얻을 수 있다.

한편 거주가 아닌 투자 목적으로 주택을 구매하더라도 조급함은 금물이다. 이전과 같은 큰 수익을 기대할 수 없는 시장 상황에서 그나마 수익에 힘을 줄 수 있는 것은 시간이다. 그러니 느긋한 마음으로 때를 기다려야 한다.

◎ Check! 부동산 매매 시 의외의 지출까지 고려하라! ◎

주택을 구매하고 소유함으로써 발생하는 세금 등의 지출도 있으니 이 역시 매매 여부를 결정할 때 반드시 고려해야 한다. 부동산을 구매할 때 발생하는 취득세와 등록세, 그리고 보유 기간에 발생하는 재산세, 국민연금과 건강보험의 상승분, 또 매도 시에 발생하는 양도소득세 등에 대해서도 꼼꼼히 따져보아야 한다.

흔히들 2억 원에 구매한 아파트를 3억 원에 팔면 1억 원의 수익을 보았다고 계산하지만 사실 이는 옳은 계산이 아니다. 위에서 말한 세금 등의 비용 일체와 부동산 중개수수료 등을 모두 제한 순수한 이득을 수익으로 보아야 한다.

제4장
잘 나누기

목표를 나누고 통장을 쪼개라

통장 포개기로 사전 몰입도를 높여라

"한 달에 300통의 물로 살아야 한다면 어떻게 해야 할까요?"

강의를 할 때면 내가 종종 묻는 말이다. 그러면 "무조건 아껴 써야죠", "일단 평소 쓰듯이 써보고 마지막에 사용량을 조절해야 죠" 등 다양한 대답이 나온다. 그런데 평생을 매달 정해진 물로 살아야 한다면, 게다가 60세가 되고 그 이후로 물이 영영 끊어진 다면 어떻게 할 것인가?(이때 물은 썩지 않는다고 가정하자.)

이쯤 되면 다들 고민을 시작한다. 다른 것도 아니고 살아가는 데 없어서는 안 될 '물'이라는 귀한 자원이니 고민할 수밖에 없다.

고민 끝에 많은 사람이 찾은 답은 '계획'이다. 사용할 수 있는 물의 양이 한정되어 있는 만큼 물이 없는 불편함을 겪지 않으려 면 애초에 계획을 세워 합리적으로 사용하자는 것이다.

"그럼 어떻게 계획을 세워야 할까요?"

계획을 세우는 방법은 다양했지만 '60세 이후의 삶을 위해 매 달 일정한 양의 물을 따로 모아둔다'라는 의견이 많았다. 그리고 나머지 물로 30일을 균등하게 나누어 사용하겠다는 의견, 씻는 물과 음식이나 빨래를 하는 데 사용하는 물 등 용도별로 사용 가능한 물의 양을 정해두고 조절하며 사용하겠다는 의견도 있었다. 어떤 방법이든 계획을 세워 사용한다는 데는 모두가 동의했다.

선저축하고 후지출하라

"그렇다면 돈은 어떤가요? 돈도 계획을 잘 세워 사용하고 있나요?"

안타깝게도 가상의 설정이 현실이 되면 태도가 크게 달라진다. 특히 '소비'라는 강력한 유혹이 버티고 있는 탓에 모범적인 답안대로 돈 관리를 실천하기가 쉽지만은 않다.

돈은 물보다 사용처도 다양하고 사용 규모도 크다. 따라서 일생 동안 부족함 없이, 끊어짐 없이 잘 활용하려면 반드시 계획을 세워 사용해야 한다. 특히 은퇴 이후의 40년 남짓한 긴 시간을 미리 계획하고 대비하지 않으면 삶은 더 이상 축복일 수가 없다.

2018년 구인구직 매칭플랫폼 사람인이 직장인 600명을 대상으로 설문조사를 한 결과에 따르면, 응답자의 65%가 다음 월급일 전에 월급을 모두 소진해 경제적인 어려움을 겪는다고 답했다. 이들은 월급을 평균 16일 만에 소진하고 나머지 기간은 카드 등을 사용하며 버틴다고 답했다.

반면 전체 응답자의 35%는 월급으로 한 달을 사는 데 큰 어려움이 없다고 대답했는데, 그 비결로 '계획적인 소비 생활(54.3%, 복수 응답)'을 가장 많이 꼽았다.

월급을 계획성 있게 사용하기 위해서는 돈을 처음부터 용도별로 잘 나눠야 한다. 하나의 통장에 넣어두면 사용처도 뒤죽박죽이 되고, 그만큼 돈을 통제하고 관리하는 게 힘들어진다. 그래서 월급이 들어오면 즉시 용도에 맞게 나누고, 주어진 예산 안에서 한 달을 살아가야 한다.

통장을 어떻게 나눌지는 각 가정의 처한 상황에 따라 차이가 있을 수 있다. 하지만 모든 가정에서 공통적으로 갖춰야 할 통장은 '저축통장'이다. 저축통장은 내 집 마련을 위해, 자녀의 대학 등록금 마련을 위해, 자녀의 결혼 자금 지원을 위해, 노후를 위해 등 각 가정의 재무 목표에 따라 세부적으로 구분되고, 그 특성에 따라 금융 상품의 선택도 달라질 수 있다.

이렇게 각각의 재무 목표에 따라 나누어지기 전에 돈은 저축통장으로 미리 옮겨 앉아 자리를 잡고 있어야 한다. 즉, 월급이 들어오면 이 모든 재무 목표를 달성하기 위해 필요한 총금액을 합산하여 즉시 저축통장으로 이체해야 한다. 이른바 '선저축 후지출' 전략이다. 즉 쓰고 남은 돈으로 저축하는 것이 아니라 저축을 하고 남은 돈으로 생활하는 것이다.

"저축은 쓸 거 다 쓰고 남는 돈으로 하는 게 아닙니다. 월급이 들어오면 먼저 정해진 돈을 뚝 떼어 저축부터 하고 나머지 돈으로 생활하세요!"

강의를 하며 '선저축 후지출' 전략을 강조하면 다들 고개를 끄덕인다. 하지만 막상 실행하고 있는지를 물으면 대답이 없다. 마음이야 넘치지만, 현실이 어디 마음처럼 잘 되더냐 하는 의미일 테다.

우리는 지금껏 저축이란 수입에서 지출하고 남은 돈으로 하는 것이라고 생각했다. 저축을 먼저 해버리면 갑자기 돈 쓸 곳이 생겼을 때 난감해지기 때문이다. 하지만 돈이란 쓰고 또 써도 모자란 것이라 '쓰고 남는 돈'은 결코 있을 수 없다는 것을 오랜 경험을 통해 이미 알고 있다. 그러니 쓰기 전에 미리 남겨두지 않으면 결코 재무 목표를 달성할 만큼의 돈을 저축할 수 없다.

저축을 습관으로 굳히기 위해서는 이처럼 '선저축 후지출'로 사전 몰입도를 높여야 한다. 처음부터 저축을 뚝 떼어내고 시작하는 것이다. 또 저축을 선택 영역에 둘 것이 아니라 필수 지출 영역에 두어 당연한 것으로 여겨야 한다. 저축을 나와 가족을 위한 가장 중요한 소비라고 생각하는 것이다.

실제 설문조사 결과에서도 부자가 되기 위해서는 지출보다 저축을 먼저 해야 한다고 응답한 사람이 많았다. 2017년 삼성생명 은퇴연구소가 만 20~60세의 성인 남녀 1,027명을 대상으로 한 설문조사에서 응답자의 29%가 좋은 재무 습관 1위로 '선저축 후지출'을 꼽았다.

지출보다 저축을 우선하는 것은 행복한 부자가 되기 위해 반드시 지켜야 할 아주 중요한 습관이다. 이상적인 저축 비율은 외벌이의 경우 30%, 맞벌이 가정인 경우 전체 수입의 50%, 미혼인 경우 70%가 적당하다. 생활이 너무 팍팍해지지 않겠느냐고 염려할 수도 있겠지만, 꼭 필요한 곳에만 지출하는 습관을 들이면 의외로 여유롭게 한 달을 지낼 수 있다.

통장마다 이름표를 달아라

돈을 관리하기 위해서는 저축통장 외에도 돈의 사용 용도에 따라 통장을 나누어야 한다. 이른바 '통장 쪼개기'를 통해 통장에 목적을 부여하고, 각 목적에 맞게 돈을 분리해서 관리하는 것이다.

일반적으로 통장은 '급여통장', '저축통장', '고정지출통장', '생활비통장', '비상금통장' 정도로 분리하면 된다. 물론 통장 종류는 개인에 따라 더 늘어날 수도 더 줄어들 수도 있을 것이다.

'급여통장'은 급여, 기타 소득, 아르바이트를 통한 수입이 들어오는 통장이다. 이 통장은 수입을 각각의 목적별 통장으로 배분하는 것 외에 다른 지출은 일절 하지 않는다.

'저축통장'은 예·적금은 물론이고 펀드, 주식과 같은 투자에 사용될 돈을 모아두는 통장이다. 각 가정의 재무 목표에 따른 금융 상품을 선택하고, 매달 고정적으로 불입해야 하는 돈의 합계액을 '급여통장'에서 '저축통장'으로 옮긴 후 각각의 금융 상품으로 자동으로 이체되게 하면 된다. 앞서 말했듯이 급여가 들어오는 즉시 자동이체를 통해 필요한 금액을 이 통장으로 옮겨놓는 것이 중요하다.

'고정지출통장'은 관리비, 보험료, 휴대폰 요금, 주택담보대출 원리금, 월세 등 매달 고정적으로 지출되는 돈과 가족의 생일, 명절과 같이 매년 고정적으로 사용되는 경조사비를 관리하는 통장이다. 생일, 명절 등 1년 단위로 들어가는 돈은 보너스나 성과급이 나오는 달에 이 통장으로 돈을 옮겨놓으면 부담을 덜 수 있다. 그 외에 월 단위의 고정 지출은 매달 거의 비슷한 액수로 나가니 그만큼 옮겨두고 자동으로 이체되게 하면 된다.

'생활비통장'은 한 달간의 지출 중 비고정적으로 지출되는 돈을 모아두고 사용하는 통장이다. '생활비통장'도 '저축통장'과 같이 급여일에 '급여통장'으로부터 필요한 금액을 자동이체시켜야 한다. 필요한 경우 '생활비통장'과 '용돈통장'을 분리해서 사용해도 도움이 된다. 꼭 현금이 필요한 경우가 아니라면 체크카드로 사용하게 되면 사용처와 액수를 좀 더 정확하게 알 수 있고 연말정산에도 도움이 된다.

'비상금통장'은 가정에 발생할 수 있는 긴급 사태 등 예기치 못한 지출이 발생할 때를 대비해 긴급 예비 자금을 넣어두는 통장이다. 예를 들어 가장의 실직이나 사고 또는 사망, 부모님이나 가족 등이 사고를 당하거나 중병에 걸렸을 때를 대비하여 최소 3~6개월 동안 수입 없이 버틸 수 있을 정도의 금액을 비상금통장에 마련해두어야 한다.

긴급 예비 자금이 없는 경우, 이러한 긴급 사태가 발생했을 때 재무 목표를 달성하기 위해 꾸준히 모아오던 다른 저축을 해약하게 되는 일이 생긴다. 이때 큰 손해를 보기도 하는 데다 재무 목표를 달성하지 못하고 중간에 해지하게 되어 의욕도 꺾이게 된다.

통장을 목적별로 잘 나누는 것보다 더 중요한 것은 통장의 돈을 애초의 목적 그대로 사용하는 것이다. 생활비나 카드 결제금이 모자란다고 비상금통장에서 돈을 빼내 쓴다면 소비와 지출을 통제하는 것이 어려워진다. 또 비상금통장에서 야금야금 돈을 융통해서 쓰다 보면 큰돈이 들어가는 비상사태 발생 시에 저축통장을 깨야 하는 불상사가 생길 수 있다. 그러니 통장을 목적별로 잘 분리했다면 반드시 통장마다 이름표를 달아서 그 용도 외에는 절대 사용하지 않도록 해야 한다.

◎ Check! 단기 자금은 CMA로 매일매일 이자 받자! ◎

CMA는 'Cash Management Account'의 약자로 종합금융회사(증권사)가 고객이 맡긴 돈을 채권, 기업어음, 양도성 예금증서 등의 단기 상품에 투자해서 얻은 수익을 고객에게 돌려주는 투자 상품이다.

CMA는 증권사에서만 가입할 수 있으며, 여러 증권사의 홈페이지 등에서 정보를 구한 후에 마음에 드는 상품이 있다면 해당 증권사를 직접 방문하거나 인터넷이나 모바일 앱 등 온라인으로 가입하면 된다.

CMA의 가장 큰 특징은 매일매일 이자를 챙겨주는 데 있다. 게다가 이자도 연 1.5% 내외로 보통예금보다 높다. 그리고 일반적인 예금통장처럼 은행은 물론 인터넷이나 스마트폰을 통해 언제든지 편리하게 입출금을 할 수 있다. 또 자동이체가 가능하고, 체크카드와 연동도 가능해 일일이 현금을 들고 다니는 불편함을 겪지 않아도 된다.

'급여통장', '저축통장', '고정지출통장', '생활비통장', '비상금통장'을 모두 CMA 통장으로 개설하면 통장에 돈이 머물러 있는 동안은 매일매일 이자를 받을 수 있다. 그리고 증권사에 따라 급여이체, 공과금 자동이체 등의 조건을 충족하면 금리 혜택도 주니 꼼꼼히 살펴서 잘 챙겨 받아야 한다.

CMA는 운용 대상에 따라 RP형, MMF형, MMW형, 종금형의 네 가지 유형으로 나뉜다. 종금사 발행어음으로 운용되는 종금형을 제외하고는 예금자보호법이 적용 안 된다는 단점이 있기에 믿을 만한 증권사를 선택하는 것이 중요하다. 또 이율이 1년 약정의 정기예금과 비슷하니 1년 이하의 단기간으로 활용하기에 좋다.

재무 목표에 따라 전략도 나눠라

"저는 매달 100만 원을 한 통장에 넣어 모으고 있습니다. 신경 쓰기도 귀찮고 어떻게 하는 게 더 좋은 방법인지 잘 모르기도 해서요. 지금처럼 하나의 통장에 돈을 모아도 괜찮을까요?"

내게 상담을 왔던 분의 이야기다. 보통 연세가 많거나 금융 정보에 취약한 분의 경우 돈을 모으는 것에만 집중하고 '방법'에 대해선 큰 고민을 하지 않는 경향이 있다. 이는 모로 가도 서울만 가면 되지 않느냐며, 제대로 된 길이나 최적의 방법을 찾기보다는 주어진 목적 자체만 집중하는 탓에 결국 더 많은 시간과 에너지를 낭비하는 결과를 가져오게 된다.

꾸준히 저축하는 것은 분명 좋은 습관이다. 하지만 어렵게 모은 돈이 더 큰 힘을 발휘하고 꼭 필요한 곳에 쓰이기 위해서는 막연히 한 통장으로 돈을 모을 것이 아니라 돈이 사용될 시기와 규모에 따라 통장을 나눌 필요가 있다.

예를 들어 '우리 부부 행복한 노후 통장'에 매달 50만 원, '내 집 마련 통장'에 매달 30만 원, '우리 아들 대학 등록금 통장'에 매달 10만 원, '우리 아들 결혼 지원금 통장'에 매달 10만 원과 같이 저축통장을 최대한 세분화해서 통장별로 용도를 분명하게 정해놓을 필요가 있다.

'저축통장'은 가상의 상징적인 명칭일 뿐 실제로는 통장을 재무 목적에 따라 더 세분화해야 한다. 구체적인 목적이 정해지지 않은 상태에서 무작정 저축하다 보면 저축 만기 시 목돈이 생겼다는 즐거움에 충동적으로 지출할 위험이 있다. 또 저축 만기 시 이상하게도 목돈을 쓸 일이 생겨서 그곳에 써버리게 된다. 그리고 목적 없는 소비가 생기다 보면 돈을 꼭 지출해야 할 때 필요한 돈이 채 모이지 않을 위험도 있다.

같은 돈, 다른 효과! 세로저축 vs 가로저축

"어디에 얼마나 저축을 하시나요?"

"저는 월급의 50%를 결혼 자금 마련을 위해 저축해요."

"저는 아이들이 더 크기 전에 수도권 아파트의 전세금을 마련해보려 매달 아내와 제 월급의 30%를 떼어서 꾸준히 저축하고 있습니다."

상담을 하다 보면 적지 않은 분들이 하나의 목표 달성을 위해 저축하는 상황을 접하게 된다. 물론 그 목표가 달성되면 또 다른 목표를 정해서 꾸준히 저축을 이어가겠지만 수입이 아주 넉넉하거나 혹은 단시간에 급하게 목돈을 마련해야 하는 경우가 아니라면 이런 한 가지 목표에만 집중된 저축 방식은 그리 추천하고 싶지 않다.

저축에는 크게 두 가지 방식이 있다. 하나의 재무 목표에 집중해서 돈을 모아가는 '세로저축'과 필요한 여러 재무 목표를 동시에 설정하여 각 목표에 맞게 저축액을 분산해서 모으는 '가로저축'이 바로 그것이다.

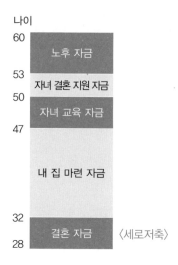

⟨세로저축⟩

우리나라 사람들은 보편적으로 자산 관리를 순차적으로 한다. 직장에 취직하면 3~5년 정도는 결혼 자금을 마련하고, 결혼한 후에는 10~15년 정도 전셋집이나 내 집 마련을 위해 준비한다. 물론 중간에라도 대출을 받아 집을 장만하기도 하지만, 대출금

상환을 위해서 최소 10~20년 동안 월급의 상당 부분을 사용해야 한다.

내 집 마련을 위한 대출이 끝나갈 즈음엔 자녀의 대학 입학이 코앞으로 다가와 있다. 부랴부랴 자녀 학자금 준비를 하고 자녀의 결혼 지원금까지 어느 정도 마련해둔 뒤에야 마지막으로 노후 자금을 생각한다.

이렇게 하나의 목표를 정하고 순차적으로 저축하는 '세로저축'을 하다 보면 장기 투자를 할 수 없어 복리 혜택을 누릴 수 없다. 또 자녀 결혼 지원금이나 노후 자금 등은 준비할 기간이 너무 짧아 수익성보다는 안정성이 높은 상품을 선택하게 된다. 그러니 별다른 수익도 기대하기 어려운 데다 자금도 필요한 만큼 모으기가 어려워진다. 게다가 중간에 예기치 못한 중대한 가정경제 문제가 발생하면 다음 것을 준비하는 데 어려움이 생길 수도 있다.

여러 가지 재무 목표를 단기, 중기, 장기로 나누어서 동시에 달성해나가면 효율적으로 돈을 모으고 불릴 수 있다. 이것을 '가로저축'이라고 한다. 세로저축과 달리 결혼 자금, 내 집 마련 자금, 자녀 교육 자금, 자녀 결혼 지원금, 노후 자금 등을 동시에 준비해나가는 계획을 세우는 것이다. 이렇게 하면 목적별로 통장이 생기기 때문에 효과적인 관리가 가능하며, 투자 기간이 길어져서 복리 효과를 통해 큰 수익을 얻을 수 있게 된다.

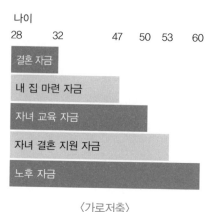

〈가로저축〉

세로저축은 은퇴 시기가 될 때까지 열심히 저축해도 막상 계산해보면 은퇴 이후의 노후 자금까지 마련할 준비가 되지 않는다. 노후 자금의 경우 목표 금액은 크지만 달성 기간이 짧아 목표를 달성하기 위해선 한 달에 저축해야 하는 금액이 엄청나게 커진다.

이에 비해 가로저축은 모든 재무 목표를 큰 부담 없이 달성할 수 있다. 또 각각의 재무 목표가 달성될 때마다 저축할 액수가 줄어들어 돈도 그만큼 여유가 생긴다. 예컨대 앞의 도표를 보면, 28세부터 꾸준히 '노후 자금', '자녀 결혼 지원 자금', '자녀 교육 자금', '내 집 마련 자금', '결혼 자금'을 골고루 준비해오던 것을 32세가 되면 '결혼 자금'이 완성되어 그 저축액만큼 생활비에 여유가 생긴다. 이 여유 금액은 다른 재무 목표에 저축할 수 있게 되니 통장은 점점 더 살이 찌게 되는 것이다.

동일한 금액을 동일한 기간 동안 저축하지만 어떤 방식으로 저축하느냐에 따라 결과가 확연하게 달라진다. 그러니 복리 효과를 충분히 활용한 가로저축으로 가정경제를 더 탄탄하게 준비해야 한다.

단기는 안정성, 장기는 수익성으로 나누어 집중하라

"통장을 목적별로 따로 나누기만 하면 되는 건가요?"

재무 목표에 따라 통장을 나눈다는 말은 단순히 통장만 다른 통장을 사용한다는 의미가 아니다. 통장도 분리할 뿐만 아니라 각 통장의 성격도 달라야 한다. 즉, 돈을 모으려는 시기와 목적에 따라 가장 최적의 방법으로 돈을 모으고 불려야 한다.

돈을 모으고 불리는 데는 다양한 방법이 있다. 아무도 믿지 못하니 무조건 내 눈앞에 두겠다며 장롱 안에다 차곡차곡 쌓아두며 모을 수도 있고, 그나마 은행은 믿을 수 있으니 이자를 적게 주더라도 은행의 예·적금을 활용할 수도 있다.

예금자보호법에 의해 보호받을 수 있는 금액은 각 금융기관별로 예금자 1인당 원리금을 합하여 최고 5,000만 원이다. 그 이상의 금액은 은행도 안전을 보장해주지 않기에 수익성에 조금 더 무게를 두어 펀드나 주식과 같은 투자로 돈을 모으고 불릴 수도 있다.

다들 나름의 논리는 있지만, 요즘과 같은 저금리 시대에 안전하다고 해서 무조건 은행의 예·적금만을 고집할 것도 아니고,

수익을 위해서 무조건 투자만을 고집할 것도 아니다. 가장 합리적인 저축 방법은 설정한 재무 목표의 희망 금액과 희망 시기를 토대로 최적의 방법과 금융 상품을 선택하는 것이다.

많은 사람이 중요하게 생각하는 재무 목표인 노후 자금을 예를 들어 살펴보자. 2018년 구인구직 매칭플랫폼 사람인이 직장인 587명을 대상으로 노후 준비에 대해 조사했다. 응답자 중 절반에 조금 못 미치는 48.7%가 노후 준비를 하고 있다고 응답했는데, 이들은 월급 중 25% 정도를 노후 준비에 투자하고 있었다.

노후 준비 방법으로는 적금, 정기예금 등 원금이 보장되는 금융 상품(70.6%, 복수 응답)이 가장 많았고, 국민연금(55.2%), 개인연금(37.8%), 퇴직금(22.4%), 부동산 매입 준비(15.7%), 주식·펀드·P2P 등 투자(12.9%), 직장 외의 창업 준비(8.7%) 등이 뒤를 이었다.

전체 설문 응답자의 절반 가까운 직장인이 이처럼 다양한 방법으로 노후 준비를 하고 있었지만 어떤 이유에선지 이들의 75.5%가 본인의 노후 준비 과정이 불만족스럽다고 답했다. 월급의 25%를 노후 대비에 꾸준히 저축하면서도 본인의 노후 준비 과정이 만족스럽지 못하다고 느끼는 이유는 무엇일까? 바로 '노후 준비'라는 재무 목표를 달성시킬 금융 전략을 잘못 선택한 탓이 크다.

각각의 재무 목표는 달성해야 할 시기와 금액에 따라 저축 방법이 달라져야 한다. 재무 목표의 달성 시기가 3년 이하인 단기 자금의 경우 원금을 온전히 보전하는 것이 가장 중요하다. 예를 들어 2년 뒤에 예정된 전세 보증금 인상액을 준비한다면 목표한 금액이 2년 뒤에 반드시 나올 수 있어야 한다.

2년이라는 짧은 기간 동안 수익성을 우선적으로 고려해 투자성 상품에 넣는다면 목표한 시기에 목표 금액을 채우지 못할 위험이 크다. 만에 하나 원금이 일정 부분 손실될 경우 그것을 만회할 충분한 시간이 없어 손실을 그대로 떠안아야 하기 때문이다. 따라서 이자가 적더라도 2년 만기 적금을 들어 원금을 온전히 지켜야 계획에 차질이 생기지 않는다.

이에 비해 주택 구입 자금, 전세 자금이나 자녀들의 교육 자금 등과 같이 재무 목표의 기간이 대략 3~10년인 중기 자금의 경우, 수익성에 좀 더 무게를 두어야 한다. 3년에서 10년의 기간은 비교적 긴 기간이기 때문에 현재와 같은 저금리 시대에서는 물가 상승률을 상회할 수 있는 투자성 상품을 선택해야 한다. 여기에 해당하는 상품으로는 은행이나 증권사의 적립식 펀드나 거치형 펀드 등이 있다.

재무 목표의 달성 기간이 대략 10~20년 후이고, 목표액도 억 단위의 큰 금액인 노후 자금의 경우도 중기 자금과 같이 수익성에 더 큰 무게를 두어야 한다. 노후 자금은 금액이 큰 만큼 적금처럼 안정성이 뛰어난 상품만을 고집하면 높은 수익을 기대할 수 없어 매달 불입해야 하는 액수가 그만큼 커진다.

앞의 설문에서 응답자들은 이상적인 노후 자금 액수를 평균 6억 원이라 답했는데, 30세의 사회 초년생 A가 적금만으로 60세에 노후 자금 6억 원을 마련하려면 한 달에 얼마를 넣어야 할까?

현시점의 금리인 연이율 2%를 연 복리로 적용해서 계산해보면 대략 127만 원 정도를 30년간 매달 넣어야 한다. 30세인 A에겐 월급의 절반에 달하는, 무척이나 부담스러운 액수다. 그리고 40세인 B는 재무 목표의 달성 기간이 20년으로 줄어든 탓에 매달 209만 원을 넣어야 한다. 이 또한 월급의 절반에 가까운 돈이다.

저축 방법을 예·적금과 같이 안정성 위주의 금융 상품으로 선택할 경우, 이상적인 노후 자금인 6억 원을 준비하려면 매달 월급의 절반을 뚝 떼어 노후 준비에만 매달려야 한다. 남은 돈으로 한 달을 버티고 나면 내 집 마련, 자녀 대학 등록금, 자녀 결혼 지원 자금 등과 같은 다른 재무 목표 달성은 꿈도 꿀 수 없다. 결국 행복한 삶을 살기 위한 다양한 재무 목표들을 모두 달성하려면 노후 자금 목표액을 낮춰 노년의 경제적인 불편함을 감수하든지 저축 방법을 달리하여 월 납부액을 낮추든지 해야 한다.

일반적으로 노후 자금과 같이 재무 목표의 달성 기간이 길고 금액도 큰 경우에는 펀드 등과 같은 투자성 상품을 통해 자산을 조금 더 적극적으로 운용할 필요가 있다. 앞 예시의 직장인 A, B가 투자성 상품을 통해 60세에 노후 자금 6억 원을 마련한다면 매달 납입하는 금액이 얼마나 달라질까?

투자성 상품이 연평균 5%의 수익을 내어 연 복리로 운용될 경우, 30세의 A는 60세까지 노후 자금인 6억 원을 마련하기 위해 매달 80만 원 정도를 저축하면 된다. 월 저축액이 적금보다 47만 원이 줄어들었다. 그리고 연평균 10%의 수익을 내어 연 복리로 운용될 경우 한 달에 33만 원만 저축하면 된다. 투자의 최대 장점인 수익이 올라가니 한 달에 저축해야 하는 금액도 크게 줄어든 것이다.

같은 조건으로, 40세의 B는 60세까지 노후 자금인 6억 원을 마련하기 위해 매달 157만 원 정도를 저축하면 된다. 월 저축액이 적금보다 52만 원이 줄어들었다. 그리고 연평균 10%의 수익을 내어 연 복리로 운용될 경우 한 달에 92만 원만 저축하면 된다.

투자성 상품의 경우 원금 보장이 어렵다는 단점이 있지만, 투자 기간이 긴 만큼 손실을 줄여줄 가능성이 높으며, 앞 장에서 설명한 것처럼 분산투자, 장기투자, 정기투자의 방식으로 리스크를 적극적으로 관리할 수 있다.

◎ Check! 저축과 투자의 비율은? ◎

오늘날과 같은 저금리 시대에 내 돈을 지켜내고 더 많은 수익을 거두기 위해서는 저축과 투자를 골고루 섞어야 한다. 그렇다면 저축과 투자 비율을 어느 정도로 조정하는 것이 가장 이상적일까?

미국에서는 적절한 투자 비율을 '110-나이', 즉 110에서 자기 나이를 뺀 만큼으로 본다. 예를 들어 40세라면 '110-40=70'이니 투자성 상품의 비율을 70%로 설정해, 저축과 투자를 3 대 7로 하면 된다. 돈이

1,000만 원이 있다면 안전한 저축에 300만 원, 수익성이 높은 투자에 700만 원을 넣으면 된다. 40세면 손해가 일시적으로 나더라도 회복할 시간이 있으므로 투자에 더 많은 비중을 두는 것이다.

우리나라에서는 적절한 투자 비율을 '100-나이'로 본다. 우리나라는 안정성을 중요하게 생각하는 성향이 미국보다 좀 더 강하기 때문에 10을 줄여서 계산한다. 40세면 '100-40=60'이니 투자성 상품 비율을 60%로 설정해, 저축과 투자를 4 대 6으로 하면 된다. 60세면 6 대 4로 저축 비율이 60%이고 투자가 40%로 줄어든다.

60세에 40%의 투자성 상품은 위험하지 않은가 생각할 수도 있지만, 안전만을 지나치게 강조하면 돈은 불어나지 않는다. 그래서 본인의 투자 성향이나 투자 목적, 나이 등을 고려하고, 크게 위험하지 않은 선에서 적당하게 저축과 투자의 비율을 조정해야 한다.

인생, 전반 Ч0년과 후반 Ч0년을 디자인하라

인생에서 가장 크고 충격적인 사건은 무엇일까? 짐작건대 예상보다 훨씬 빠른, 자신의 갑작스러운 죽음이 아닐까 한다. 대부분의 사람은 자신의 삶이 '평균수명'까지는 이어질 것이라 기대하고, 인생 전반에 걸친 계획을 세우고 계획된 속도로 성실하게 걸어간다. 그런데 아직 한참이나 남은 것만 같던 삶이 예고도 없이 뚝 끊어지며 하고 싶은 일, 해야 할 일을 못 하게 된다면 어떨 것 같은가. 상상만으로도 가슴이 내려앉는 끔찍한 사건이 아닐 수 없다.

자신이 일찍 죽을 것으로 생각하는 사람은 없을 것이다. 하지만 나이가 들수록 죽음의 공포가 밀려오기 때문에 사람들은 운동을 하거나 음식을 조절하거나 건강검진을 하며 건강에 신경 쓴다. 생은 그만큼 소중하고 귀한 것이기 때문이다.

그렇다면 100세까지 사는 것은 어떨까. 불로장생을 바라는 것이 욕심이라면 그저 남들처럼만, 평균수명만 살아주어도 고맙다 생각했는데, 그 평균수명이 100세가 되고 보니 다소 당혹스런 마음이 든다. 고령사회, 초고령사회라는 사회구조적인 문제는 둘째치고라도 당장 내 한 몸 살아서 버티는 것이 무겁디무거운 숙제로 다가온다.

평균수명이 70~80세이던 시절은 은퇴 이후의 삶에 대해 큰 부담이 없었다. 치열하게 살아왔던 젊은 시간에 대한 보상이라 여기며, 삶의 마지막 시간을 휴가처럼 소풍처럼 즐기다 가도 큰 부담이 없었다. 그런데 100세라면, 무려 40년의 세월을 휴가나 소풍처럼 살다 갈 순 없지 않은가.

장수는 축복인가 재앙인가

"은퇴란? 소득은 끊겨졌는데 지출이 끊어지지 않은 상태!"

의학 기술의 발달과 함께 사람의 평균수명은 점차 늘어나고 있다. 감사한 일이 아닐 수 없다. 아주 옛날 크로마뇽인의 평균수명은 18세였고, 로마 시대에는 25세, 1900년대의 미국인은 48세였다. 우리나라 역시 조선 시대엔 평균수명이 44세였고, 이후 평균수명은 꾸준히 늘어나 2012년에는 82세, 그리고 머지않은 2030년이 되면 100세 시대가 된다고 한다.

평균수명의 증가는 노후 기간의 증가를 의미하며, 이는 곧 이렇다 할 소득 없이 돈을 쓰기만 해야 하는 시기가 40여 년으로 늘어남을 의미한다. 공적연금과 개인연금 등으로 든든하게 안전장치를 해두어도 40년이란 긴 시간은 부담스러운데, 그 준비마저도 미약하다면 장수는 축복이 아닌 재앙이 될 수밖에 없다.

성인이 된 만 20세부터 이후 40년간은 아르바이트와 취업 등으로 어떻게든 노년의 40년을 위한 경제적인 준비를 할 수 있는 기간이다. 하지만 현실은 우리가 생각하는 것보다 훨씬 더 팍팍하고 힘겹다. 당장 눈앞에 닥친 경제적인 문제들을 해결하려다 보니 노후 준비는 점점 뒤로 미뤄지고, 결국엔 이렇다 할 준비 없이 노년을 맞게 된다.

2018년 보험연구원이 여론 조사기관인 코리아리서치에 의뢰해 전국 성인 남녀 2,440명을 대상으로 한 설문조사에서 응답자의 45.9%가 '노후의 경제적인 준비를 하고 있지 않다'고 답했다. 이는 앞서 소개한 구인구직 매칭플랫폼 사람인이 직장인을 대상으로 실시한 노후 준비의 여부에 대한 설문에서 48.7%가 노후 준비를 하고 있다고 대답한 것과 유사한 결과다. 결국 우리나라 성인의 절반가량은 별다른 노후 준비를 하고 있지 않다는 것을 의미한다.

설문 응답자들이 노후를 준비하지 못하는 이유로 제일 많이 꼽은 것은 '교육비와 의료비 등 돈을 더 급하게 쓸 곳이 많기 때문(38.8%)'이었고, 이 외에도 '소득이 너무 낮아서(24.4%)', '관심이 부족해서(13.7%)'가 그 뒤를 이었다.

실제로 우리나라는 아주 빠른 속도로 고령화가 진행됨에 따라 국가나 개인이 노후를 위한 경제적인 준비를 미처 다하지 못했다. 2014년 통계청 발표에 의하면 우리나라 노인들의 상대적 빈곤율은 49.6%로, OECD 국가 중 1위를 차지했다. 이는 OECD 평균인 12.6%를 몇 배나 웃도는 수준이었다.

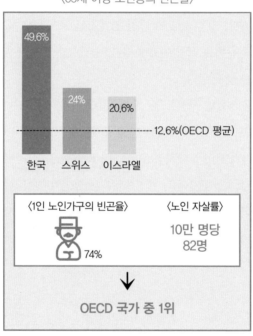

〈65세 이상 노인층의 빈곤율〉

노인 자살률도 OECD 국가 중 10년 넘게 꾸준히 1위를 차지하는데, 더욱 심각한 것은 노인 자살률이 해마다 증가하기까지 한다는 점이다. 게다가 이러한 높은 노인 자살률은 고령화와 경제적인 어려움이 주요 원인으로 파악되고 있어서 '무전 장수는 곧 재앙'임을 부인할 수 없게 만들었다.

2017년에 발표된 '노인 인권 실태 보고서'에 따르면 노인 응답자 1,000명 중 26.0%에 해당하는 260명이 '죽고 싶다는 생각을 해본 적이 있다'고 말했다. 동일한 설문에서 현재 본인의 '경제 상태가 나쁘다(43.2%)', '건강 상태가 나쁘다(39.1%)'라고 답한 노인일수록 자살에 대해 생각해본 비율이 더 높은 것으로 나타났다.

노년의 삶이 10~20년이던 때와 40년 이상으로 늘어난 때는 그 무게감의 차이가 아주 크다. 하지만 어깨에 짊어진 짐의 무게가 무겁고 힘겹다고 해서 모든 것을 포기하고 극단적인 선택을 할 수도 없는 노릇이다. 그러기엔 삶은 너무나 귀하고 소중하다.

노년의 40년을 경제적으로 건강하게 버텨내려면 청년기를 지나오는 40년 동안, 이후에 맞이하게 될 시간을 위해 차근차근 준비해두어야 한다. 일찍 시작할수록 적은 돈으로도 풍족하고 탄탄하게 노후를 대비할 수 있으니 힘들다고 포기하기보다는 지금 당장 매달 얼마씩이라도 떼어 노후를 위한 든든한 주머니를 준비해야 한다. 돈 없이 버텨야 하는 무전 장수는 재앙일지 몰라도 장수는 분명 축복이다.

노년의 3대 리스크, 미리 준비하고 대응하라

노년의 삶을 위협하는 '3대 노후 리스크'가 있다. 첫 번째는 '장수 리스크'다. 인간은 사는 동안 끝없이 소비하고 지출해야 하기에, 충분한 경제적 준비가 되어 있지 않은 사람들에겐 '장수' 그 자체가 리스크다.

기대 이상으로 너무 오래 세상에 남아있는 '장수 리스크'를 대비하기 위하여 우리는 젊었을 때부터 절약과 저축을 실천해야 한다. 특히 노후를 위한 저축은 하루라도 빨리 시작해야 한다. 예를 들어 60세에 필요한 노후 자금 5억 원을 만들기 위해서 연평균 수익률 5%짜리 상품에 투자한다고 가정할 때, 30세에 시작한다면 매월 61만 원씩 불입하면 되지만, 40세에 시작한다면 매월 122만 원, 50세에 시작한다면 매월 322만 원씩을 불입해야 한다. 하루라도 빨리 시작해야 적은 비용으로 노후 자금을 준비할 수 있다.

두 번째 노후 리스크는 '건강 리스크'다. 노년의 40년을 보내며 경제적 자유만큼이나 중요한 것이 바로 몸과 마음의 건강이다. 건강을 잃으면 모든 것을 잃는다는 말처럼 건강은 생명과도 직결되는 중요한 부분이다. 게다가 노년에는 수입이 줄거나 끊어지는데 건강마저 무너지면 지출이 그만큼 늘어나 경제적 문제로 연결된다. 또 행복이나 사랑, 봉사 등 삶의 중요한 가치들과도 결코 무관하지 않기에 건강 관리에 소홀함이 없어야 한다.

20대에 챙긴 건강으로 30대를 버티고, 30대에 챙긴 건강으로

40대를 버틴다는 말이 있다. 나는 이 말이 청년기 40년 동안 챙긴 건강으로 노년기 40년을 버틴다는 말로 재해석하고 싶다. 물론 노년이 된 이후에도 꾸준한 운동과 건강한 식습관 유지로 건강을 챙겨야 하지만 젊은 시절부터 좋은 습관을 들여놓는다면 나이가 들어서도 건강은 쉽게 무너지지 않는다.

통계청 발표에 따르면, 2011년을 기준으로 우리나라 국민 1인당 평생 의료비는 평균 1억 원이 넘었다. 이는 2007년과 비교할 때 1.4배나 증가한 금액이었다. 게다가 남녀 모두 65세 이상의 노년기에 평생 사용할 의료비의 절반 이상을 지출하는 것으로 나왔다.

이렇게 노후에 집중되는 과도한 의료비에 대응할 방법은 보험이다. 100세 시대를 대비해서 노후에 필요한 충분한 의료비를 보장받기 위한 보장 기간과 보장 금액, 보장 범위를 다시 한번 철저하게 점검해야 한다.

세 번째 노후 리스크는 '자녀 리스크'다. 예전에는 3대가 한집에 사는 풍경이 그리 낯설지가 않았다. 더러는 손자가 장성하여 결혼하고 아이까지 낳아 4대가 한집에 사는 경우도 있었다. 하지만 이런 풍경이 지금은 흔한 일이 아니다. 직장 때문에 혹은 경제적 여건 때문에 각자 살아갈 길을 모색해야 하는 시대가 된 것이다.

자녀는 자신의 삶을 위해 더는 부모 부양을 의무라고 생각하지 않지만, 부모는 여전히 자녀의 양육과 교육, 심지어 결혼과 그 이후의 삶까지 책임을 다하려 애쓴다. 그러다 보니 정작 본인의 삶에 대한 준비는 늘 뒤로 미루어진다.

"왜 아직 노후 준비를 하지 않으세요? 퇴직하고 소득이 없는 노년을 맞으면 어쩌시려고요?"

"아이들 때문이죠. 당장 먹고사는 것이야 허리띠를 졸라매면 된다지만 부모가 되어서 아이들의 교육비와 결혼 자금을 나 몰라라 할 수는 없잖아요."

〈노후 준비를 하지 못하는 이유는?〉

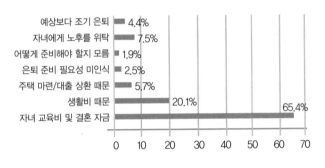

예상보다 조기 은퇴 4.4%
자녀에게 노후를 위탁 7.5%
어떻게 준비해야 할지 모름 1.9%
은퇴 준비 필요성 미인식 2.5%
주택 마련/대출 상환 때문 5.7%
생활비 때문 20.1%
자녀 교육비 및 결혼 자금 65.4%

※ 자료: 미래와 금융 포럼

노후 준비를 하지 못한 이유가 무엇인지를 물으면 상당수가 '자녀' 때문이라고 답한다. 2012년에 열렸던 '미래와 금융 포럼'에서 발표한 내용을 보면, 자녀 교육비 및 결혼 자금 때문에 노후를 준비하지 못했다고 대답한 사람이 65.4%였다. 노후 자금 준비에 가장 압도적인 장애 요인이 자녀에게 지원하는 교육비와 결혼 자금이라는 뜻이다.

자녀에 대한 부모의 애절한 사랑은 시대가 흘러도 변하지 않는다. 2018년 삼성생명 은퇴연구소가 발표한 '한국인의 은퇴준비 2018'에 따르면, 자녀가 있는 비은퇴자의 절반 이상이 '노후 준비가 어렵더라도 자녀를 우선 지원하겠다'라고 응답했다. 제한된 돈으로 노후를 대비하느냐, 자녀의 교육과 자립을 지원하느냐 중에서 여전히 자녀에게로 마음이 기우는 것이다.

"부모라면 그 정도는 해줘야 하지 않을까요?"

금수저를 물고 태어난 재벌가 아이들처럼 비싸고 좋은 것은 해주지 못해도 학원은 보내주고 학비는 지원해주는 등의 기본적인 것은 해야 하지 않느냐는 것이다. 요즘처럼 고물가 시대에는 그 기본마저도 등골이 휘는 무거운 짐이지만, 자녀를 향한 부모의 사랑과 그 책임에 한계를 긋는 것도 쉬운 일은 아닌 듯하다.

하지만 노후 준비를 뒷전으로 미루고 자녀의 삶을 우선으로 돕는 것이 과연 바람직한가에 대해서는 깊은 고민이 필요하다. 앞으로 우리 자녀들이 살아갈 세상은 더욱 퍽퍽할 것이기 때문에 노후 준비는 자녀에게 부담을 주지 않기 위해서라도 우선적으로 고려해야 한다.

게다가 자녀 교육비와 결혼 자금에 대해 한국과 일본, 미국의 부모들은 서로 다른 인식을 가지고 있다. 조사에 따르면, 한국과 일본은 자녀의 대학 등록금이 부모의 책임이라고 답했지만 미국은 부모의 책임이 아니라고 답했다. 그리고 일본과 미국은 자녀의 결혼 자금이 부모의 책임이 아니라고 한 반면 유독 한국의 부모만 부모의 책임이라고 답했다. 이렇듯 한국 부모들은 힘이 들어도, 노후 준비가 어려워도 자녀에 대한 교육비와 결혼 자금에 막중한 책임을 느끼고 있다.

그렇다면 '자녀 리스크'는 어떻게 대응할 수 있을까? '자녀 교육 자금'의 경우, 자녀 출산 때부터 부부가 함께 자녀 교육에 대한 철학과 목표(대학, 대학원 또는 유학 등)를 정하고 그에 따른 교육 자금을 차근차근 준비해야 한다. 더불어 아이가 성장하는 과정에서 무리한 사교육비 지출을 막아야 한다. 형편이 넉넉하다면야 아이의 재능 향상에 금전적인 지원으로 부모가 힘을 보태는 것도 좋다. 하지만 팍팍한 가정 형편에 사교육비를 무리하게 써가면서까지 아이 교육에 올인 한다면 미래에 대한 준비는커녕 빚만 남게 될 위험도 있다.

'자녀 결혼 자금'의 경우도 교육비와 마찬가지로 자녀 출산 때부터 별도로 준비해야 훗날 부담을 덜 수 있다. 그리고 자녀들도 자신의 결혼 자금에 상당 부분을 스스로 준비하여 감당하게 해야 한다. 이를 위해 자녀가 어릴 때부터 돈 관리와 저축 습관을 들이도록 해야 한다. 취업 이후 곧장 재무 목표를 정해 목적자금을 마련하도록 이끌어주어야 한다. 또 남에게 보이기 위한 화려한 결혼식보다 결혼의 진정한 의미가 담긴 검소한 결혼식으로 전환되도록 가치관의 전환도 필요하다.

100세 시대, 인생 이모작을 즐겨라!

40대 중반의 치과의사 A는 서울 중심가인 강남에서 페이닥터로 일한다. 엄청난 수입은 기대할 수 없지만 요즘 같은 불경기에 매달 안정적이고 고정적인 수입이 들어오고 있다는 것만으로도 감사하게 생각한다.

A는 얼마 전부터 퇴근 후 친구가 운영하는 일식 요릿집의 주방과 홀을 오가며 일을 배우기 시작했다. 개원하지 않는 이상 페이닥터는 정년이 있기 마련이고, 본인의 의지와 무관하게 언제 그날이 닥칠지 예상할 수 없어 미리 퇴직 이후의 삶을 준비해두려는 것이다.

평소 요리하는 것을 좋아해 일식과 한식 조리사 자격증도 취득해두었다. 또 사람들과 어울리는 것도 좋아해서 퇴직 이후 음식과 관련한 장사를 하는 것도 진지하게 고민 중이다. 10년 정도 저녁 시간을 활용해 다양한 음식점을 경험한 뒤 자신에게 꼭 맞는 길을 찾을 예정이다.

"요즘은 인생 이모작이잖아요. 인생의 전반전은 부모님을 비롯한 타인의 시선에 맞춰 열심히 살았다면, 후반전은 이제 내가 좋아하고 하고 싶은 일을 찾아서 열심히 살아보고 싶어요."

현재의 삶에 안주하지 않고 미래를 위한 준비를 차근차근 해나가는 A의 열정에 나는 응원의 박수를 보냈다. 피해 갈 수 없다면 그 시간을 즐겨야 하고, 제대로 즐기려면 충분한 준비가 필요하다. 노년의 시간도 마찬가지다. 이전의 시간에 비해 체력과 경제력이 많이 약해지겠지만 피할 수 없는 시간이라면 충분한 준비로 그 시간을 당당히 맞아야 한다.

늘어난 수명 덕분에 퇴직 이후의 재취업을 통한 인생 이모작은 이제 필수가 되었다. 2017년에 만 20세 이상의 성인 남녀 2,200명을 대상으로 실시한 '보험 소비자 설문조사' 결과에 따르면, 설문 참여자 중 78.5%가 '노후 생활 자금을 위해 재취업을 통한 소득 활동이 필요하다'라고 답했다. 다섯 명 중 네 명은 퇴직 이후에도 재취업을 희망한다는 의미다. 하지만 현실은 노년을 위한 일자리가 충분하지 못한 상황이라 작은 일자리 하나에도 경쟁이 치열하다.

최근 서울의 한 아파트 관리소장 한 명을 모집하는 자리에 60명이 넘는 지원자가 몰렸다고 한다. 지원자 대부분이 퇴직 이후 재취업을 희망하며 지원한 분들이었다. 아직은 더 일할 수 있고, 또 일을 해야 하는 상황인데 고령자를 뽑는 일자리가 흔치 않으니 60 대 1이 넘는 경쟁률이 형성된 것이다.

2018년 통계청 발표에 따르면, 우리나라 65~79세 인구 576만 5,000명 중 3분의 1이 재취업 등으로 경제활동을 이어가는 것으로 나왔다. 물론 고령이다 보니 활동 영역이 그리 다양하지는 않았다. 노년 재취업자 중 36.1%가 단순 노무에 종사하고 있었는데, 이는 노인들이 예전 수준의 업무와 수입을 기대하기는 현실적으로 힘들다는 의미다.

사회적으로 노년의 재취업을 위한 일자리 창출이 시급한 과제지만, 이에 못지않게 개개인이 자신의 능력을 키우고 전문성을 갖추는 것도 중요하다. 재취업이든 창업이든 인생 이모작을 통해 새롭게 도전하는 분야에서 실패가 아닌 성공의 열매를 거두기 위해서는 청년 때 못지않은 전문성과 열정을 갖춰야 한다. 그리고 이러한 준비는 이르면 이를수록 좋다.

　저축을 통한 노년의 경제력을 확보함과 동시에, 노년 이모작을 위해 나이를 잊게 해줄 만큼의 자신만의 전문성을 갖춰 경쟁력을 키워야 한다. 더불어 노년의 경제활동을 단순히 생계를 위한 호구지책으로 여길 것이 아니라, 변화된 사회 흐름에 능동적으로 적응하는 것이라 여기며 당당하게 즐길 필요가 있다.

'세금'과 '기부'로 진정한 나눔을
실천하자

60년 전에 약 3,700만 원을 주고 구입한 집에 아직 살고 있으며, 컴퓨터도 휴대폰도 없이 지내는 사람이 있다. 얼핏 보기에도 빈곤한 모습으로 살고 있는 그는 놀랍게도 지금까지 30조 원이 훌쩍 넘는 큰돈을 자선단체에 기부했다. 그리고 90조 원(2018년, 포브스 발표)의 재산을 가지고 있다. 그가 바로 투자의 귀재이자 세계적인 부호인 워런 버핏이다.

우리가 흔히 상상하는 억만장자의 모습이 아닌 검소한 소시민의 삶을 사는 워런 버핏은 나눔과 기부에 관한 분명한 철학을 가지고 있다.

"내 주식의 1%를 나를 위해 쓴다고 해서 내가 더 행복해질 것 같지는 않다. 하지만 나머지 99%는 다른 사람에게 엄청난 영향을 미칠 수 있다."

평소 돈을 잘 버는 것보다 잘 쓰는 것이 더 중요하다고 믿는 그는 자신을 위한 소비보다는 기부를 선택했고, 이를 꾸준히 실천해오고 있다.

돈을 소비를 위한 도구로만 생각하는 사람들은 도저히 이해가 되지 않는 철학과 실천이지만 돈에 얽매이지 않고 자유로운 삶을 사는 그의 모습에서 진정한 부자의 여유로움을 엿볼 수 있는 듯하다.

세계적으로 큰 부를 이룬 사람 중에 워런 버핏처럼 본인 재산의 상당 부분을 이미 기부하거나, 기부 의사를 밝힌 사람들이 많다. 철강왕으로 유명한 앤드루 카네기는 "부자인 채로 죽는 것은 정말 부끄러운 일이다"라며 65세가 되던 해부터 자선 활동을 시작해 남은 삶 동안 전 재산의 90% 정도를 사회에 환원했다. 또 세계적인 부호인 존 데이비슨 록펠러 또한 54세 이후부터 줄곧 자선 사업가의 삶을 살았고, 록펠러 재단을 설립해 집안 대대로 기부 문화를 계승하도록 했다. 페이스북의 CEO 마크 저커버그는 자산의 99%를 기부하겠다고 했고, 빌 게이츠 부부 역시 꾸준히 기부를 이어오고 있으며, 세 자녀에게 1,000만 달러를 물려주고 나머지는 모두 기부할 계획이라고 밝혔다. 그리고 얼마 전에는 홍콩 배우 주윤발이 '사후에 전 재산 8,100억 원을 기부할 것'이라고 밝혔다.

나누고 베풂에 있어 액수의 많고 적음에 의미를 둘 수는 없다. 그렇지만 세계적인 부호들의 기부는 막대한 액수만큼이나 많은 이들이 수혜를 입을 수 있다. 그리고 무엇보다 더불어 사는 세상에서 함께하는 이웃을 보살피는 모습이 많은 사람에게 모범이 될 수 있기에 그 의미가 더욱 크다고 할 수 있다.

기부, 모두가 함께 행복해지는 귀한 실천이다

"혼자만 부자가 되지 마시고, 이웃과 더불어서 함께 부자가 되십시오!"

가정경제관리를 통해 행복한 부자가 되는 법을 강의하면서 늘 잊지 않고 강조하는 말이다. 아끼고 모으고 불려서 부자가 되란 말이 자칫 남이야 굶든 말든 내 배만 채우면 그만인 스크루지가 되란 말로 오해해서는 안 된다. 그렇게 사람들에게 인색하게 굴면 부자가 되기도 어렵지만, 부자가 된다고 해도 결코 행복할 수 없다.

행복한 부자가 되기 위해서는 돈을 '잘' 써야 한다. 올바른 소비 철학으로 불필요한 지출을 줄이는 것 외에도 나를 위한 소비가 아닌 어려운 이웃을 위한 소비, 즉 '기부'도 돈을 잘 쓰는 방법 중 하나다.

기부는 내가 가진 돈을 타인과 나눔으로써 소외된 이웃에게 희망의 빛을 전할 수 있다. 또한 돈을 비롯해 내가 가진 것을 나누는 것은 행복하고 풍성한 삶을 누릴 수 있는 가장 간단한 방법이기도 하다. 내가 가진 초 하나로 나와 내 이웃이 모두 환하고 따뜻해질 수 있는 것이 바로 기부인 것이다.

평범한 소시민들은 큰 부자들처럼 많은 돈을 나누기는 어렵다. 하지만 생활 속에서 알뜰히 모은 돈 중 일부를 어렵고 소외된 이웃들과 나누는 것은 그리 어렵고 힘든 일이 아니다. 또한 액수와 무관하게 기부를 삶의 소중한 실천으로 이어가는 것에서 더 큰 의미를 찾을 수 있다.

2017년 취업포털 인크루트가 실시한 '기부 경험 설문조사' 결과에 따르면, 응답자의 94.5%가 기부를 한 적이 있다고 답했다. 게다가 매달 일정한 액수를 꾸준히 기부하는 정기적 기부자도 전체 응답자의 60%에 달했다. 10명 중 6명은 매달 자신의 소득 일부를 떼어 정기적으로 기부를 실천하고 있다는 의미다.

기부자들의 1인당 기부 금액은 1년 평균 36만 46원이었고, 현금성 기부 외에도 의류나 식료품, 생활용품 등의 물품 기부, 헌혈, 봉사 활동, 재능 기부 등 비현금성 기부를 꾸준히 실천하는 분들도 많았다.

기부하는 이유로는 '수혜자들에게 온정을 전하고 싶어서'(21.8%)가 가장 많았다. 그 외에 '기부금 정도의 지출은 감당할 수 있어서'(20.3%), '기부 과정에서 내가 얻는 행복이 크므로'(19.3%), '집안 교육·가치관의 영향으로 자연스러운 일'(14.4%), '좋은 일을 했다는 기분을 얻고 싶어서'(13.8%) 등이 뒤를 이었다.

설문 결과를 통해서도 알 수 있듯이 기부는 받는 사람뿐만 아니라 주는 사람까지 함께 행복해지는 정말 가치 있는 소비다. 가정에서 자녀에게 이런 소중한 가치를 심어주고 키워준다면 우리

사회가 훨씬 더 따뜻해지고 풍요로워질 것이다.

부모는 자녀가 어릴 때부터 용돈 일부를 떼어 정기적으로 기부하는 습관을 길러줄 필요가 있다. 이때 강요나 지시가 아닌 자녀에게 충분한 공감을 이끈 후에 자발적인 선택이 될 수 있도록 해주어야 한다.

한편 경제적으로 나누는 것이 여의치 않다면 재능 기부를 하는 것도 큰 도움이 된다. 재능 기부라고 해서 음악이나 미술 등 특정 분야에서 남다른 재능을 보여야만 가능한 것은 아니다. 설거지, 청소, 정리 정돈은 물론이고 도움의 손길이 필요한 이웃들에게 손을 나눠주고, 말동무가 필요한 어르신들께 편안하게 이야기를 나눠주는 것도 훌륭한 재능 기부다.

나는 가족들과 함께 정기적으로 현금 기부를 하는 것 외에도 지난 6년여 동안 꾸준히 재능 기부를 했다. 한 달에 한 번씩 아주대학교병원에 가서 환우들에게 노래를 불러주는 일을 하는데, 미약한 나의 재능이 사람들에게 작으나마 힘을 주고 행복감을 전하는 데에 쓰인다는 사실에 매번 놀랍고 감사하기만 하다.

재능 기부는 시간을 나누고 나의 경험과 재능을 나눔으로써 사람들에게 도움을 주는 일이니 결코 돈을 나누는 것보다 못하다고 할 수 없다. 특히 은퇴 이후 수입이 줄어들거나 끊어져 이웃과 나누는 삶을 실천하기가 쉽지 않다면 재능 기부를 통해 자신의 경험과 지식을 나누는 삶을 살 수 있다.

기부는 돈의 액수나 물품의 크기, 재능의 특출함과 상관없이 따뜻한 마음만 있다면 누구나 할 수 있는 일이다. 내가 가진 것 중 아주 소소한 것이라도 어려운 이웃에겐 큰 행복이 될 수 있기에 기부는 행복한 부자가 되기 위한 소중한 실천이자 철학이라 할 수 있다.

세금, 당당하게 줄여서 야무지게 나누자

기부 외에 나의 돈을 이웃과 나누는 활동으로 '세금'이 있다. 선택의 영역인 기부와는 달리 세금은 국민의 의무로 규정지어져 있기에 피할 수도 없고, 피해서도 안 된다.

국가와 지방자치단체는 재정 수입을 위해 세금을 거두어들여 국방, 경찰, 도로, 소방 등과 같은 공공재를 생산하고 국민의 복지 향상과 사회보장 등에 사용한다. 나와 내 가족이 내는 세금이 사회와 국가 운영의 전반에 걸쳐 골고루 사용되고, 사회보장제도를 통해 도움이 필요한 이웃에게도 나누어지니 넓은 의미의 나눔이라고도 할 수 있다.

세금이 나눔 행위 중 하나라고 해서 세금을 일부러 많이 낼 필요는 없다. 오히려 합법적인 방법으로 최대한 야무지게 줄여야 한다. 탈세가 아닌 절세는 국세청에서도 널리 홍보하여 권하는 사항이니 적극적으로 활용할 필요가 있다.

절세를 위해서는 세금에 대한 이해가 우선되어야 한다. 먼저 세금은 거두는 주체에 따라 국세와 지방세로 나뉜다. 그리고 부과되는 방식에 따라 크게 간접세와 직접세로 나뉜다. 간접세는 물건이나 서비스를 구매할 때 가격 안에 이미 포함된 세금으로, 조세의 의무가 있는 소비자가 직접 세금을 납부하지 않고 판매자가 모았다가 대신 납부하도록 되어 있어서 '간접세'라고 한다. 대표적인 간접세로는 제품을 사거나 서비스를 이용할 때 그 값의 10%를 세금으로 내는 '부가가치세'가 있다. 그 외에도 간접세에는 주세, 인지세, 개별소비세 등이 있다.

간접세는 대부분 개인의 직접적인 소비와 연결이 된 세금이기에 소비를 통제하는 것만으로도 세금을 줄이는 효과가 있다. 즉, 계획적이고 현명한 소비가 간접세의 최고 절세 비법이다.

일반적으로 '절세'라고 하면 직접세를 줄이는 것을 의미한다. 직접세는 조세의 의무를 지는 사람과 납부를 하는 사람이 같은 경우의 세금을 말하며, 간접세가 아닌 세금은 모두 직접세에 해당한다고 보면 된다.

우리가 일반적으로 알고 있는 세금 중 대표적인 직접세는 '소득세'로, 사업소득이나 근로소득에 부과하는 '종합소득세'와, 부동산을 양도하여 생긴 소득에 부과하는 '양도소득세'가 여기에 해당한다.

급여 생활자의 경우 월급을 받을 때 세금이 이미 공제되고 들어오는데, 연말정산을 할 때 다양한 영역에서 소득공제 혜택을 준다. 이것을 제대로 적용하면 연말 소득공제를 통해 절세 효과를 누릴 수 있다. 아래는 급여 생활자를 위한 절세 팁들은 정리해 둔 내용이다. 참고하여 적극적으로 활용하고, 이 외에도 책이나 신문, 인터넷 등을 통해 절세와 관련된 정보를 수집하여 당당하게 절세할 필요가 있다.

- 카드는 연봉의 25%를 기본 공제하고 기본 공제의 초과분에 대해서는 신용카드는 15%, 체크카드는 30%를 추가로 공제받을 수 있다. 따라서 카드 사용도 전략이 필요한데, 할인이나 적립 혜택이 좋은 신용카드로 기본 한도 25%를 채운 후에는 신용카드보다 체크카드를 주로 사용해야 소득공제 금액을 더 높일 수 있다.

- 지하철, 버스, 기차와 같은 대중교통 비용도 소득공제를 받을 수 있기에, 신용카드나 선불카드 등으로 기록을 남겨야 한다. 2018년도부터는 총 급여 7,000만 원 이하인 근로 소득자들은 대중교통 비용의 40%를 공제받을 수 있다. 이때 카드 소득공제의 한도금액(300만 원)과는 별도로 100만 원까지 추가공제를 받을 수 있다.

- 전통시장도 대중교통과 동일한 수준의 소득공제 혜택이 주어진다.

- 도서 구입이나 공연 관람 등 문화 지출에 대한 금액도 소득공제

가 된다. 총 급여 7,000만 원 이하인 근로 소득자 중 카드 사용액이 총 급여액의 25%를 넘는 경우, 카드 기본공제 외에도 연간 100만 원까지 공제율 30%로 문화 지출에 대한 추가 공제가 가능하다.

· 자신의 총 급여액의 3% 이상을 의료비로 지출했을 경우, 본인을 포함하여 부양가족의 의료비로 사용액의 15% 내에서 연간 최대 700만 원까지 세액공제 받을 수 있다. 단, 만 65세 이상, 장애인, 중증 환자의 경우에는 한도액이 따로 정해져 있지 않다. 또 난임 시술비의 경우 의료비로 사용액의 20%까지 세액공제가 가능하고, 한도액은 따로 정해져 있지 않다.

· 금융 상품 중 세액공제를 받을 수 있는 상품은 크게 연금저축보험, 보장성 보험, 주택청약종합저축 세 가지다.
  - 연금저축보험의 경우, 보험료를 납입하는 동안은 1년에 최고 16.5%, 400만 원까지 세액공제가 가능하다. 그리고 총 급여 5,500만 원 이하의 근로 소득자는 16.5%, 5,500만 원을 넘는 사람은 13.2%만큼 세액공제로 돌려받을 수 있다. 납입 총액이 기준이 되므로 연말정산을 앞두고 일시금으로 납입해도 공제받을 수 있다.
  - 실비보험, 종신보험, 암보험, 자동차보험, 태아보험과 같은 보장성 보험은 연간 100만 원 한도 내에서 납입 보험료의 13.2%

를 세액공제 받을 수 있다. 또한 연간 소득이 100만 원 이하
인 부양가족의 보장성 보험도 세액공제가 가능하다.

– 총 급여 7,000만 원 이하의 무주택 세대주라면 주택청약종합
 저축에 납부한 금액 중 최대 240만 원까지 40%의 소득공제
 가 가능하다.

· 교육비는 본인은 대학원 학비 전액, 유치원 · 초중고 자녀는 300
 만 원, 대학생 자녀는 900만 원 한도 내에서 총 지출액의 15%의
 세액공제가 가능하다.

· 중소기업에 근무하는 15~29세의 청년, 60세 이상의 노년층, 장
 애인, 경력 단절 여성의 경우, 취업 후 3년 동안 연간 150만 원
 한도 내에서 소득세의 70%를 감면받을 수 있다.

 세금은 국민이라면 누구나 당연하게 내야 하는 것이고, 경제적
으로 어려운 이웃을 위한 간접적이고 소극적인 나눔 실천이기에
성실한 납세자가 되어야 한다. 하지만 생활 곳곳에서 세금이 새
어 나가고 있는 만큼 절세를 위한 정보들도 꼼꼼히 챙기는 똑똑
한 납세자가 되어 가정경제도 잘 챙겨야 한다.

제5장
잘 챙기기

제대로 알고 똑똑하게 챙겨라

보험, 선택이 아닌 필수다

"매달 꼬박꼬박 잊지도 않고 빠져나가는 보험료가 아까울 때가 한두 번이 아니에요. 보험 혜택을 보자고 아프거나 다치기를 바랄 수도 없고……."

"보험금을 신청할 일이 없는 것에 감사하지만, 매달 무의미하게 날아가는 돈이 있다고 생각하니 속이 쓰리긴 하네요."

매달 성실하게 보험료를 내면서도 1년에 단 한 차례도 보험금을 청구할 일이 없는 사람들이 많다. 그만큼 건강하고 무탈하다는 의미이니 감사한 마음이 크다. 하지만 매달 허무하게 사라지는 보험료를 생각하면 씁쓸한 마음이 드는 것은 어쩔 수 없다.

보험연구원의 의뢰로 코리아리서치에서 국내 만 20세 이상 성인 남녀 2,440명을 대상으로 '2018년 보험 소비자 설문조사'를 실시한 결과에 따르면, 2018년 가구당 보험 가입률은 98.4%에 달했을 정도로 대부분의 가구에서 보험에 가입해 있었다.

보험금을 청구할 일이 흔치 않다는 것을 알면서도 보험을 계약하고, 매달 보험료를 납입하며 보험을 유지하는 것은 보험이 주는 든든함이 얼마나 큰지를 잘 알기 때문이다. 작은 확률일지라도 막상 사고와 질병이 자신의 일이 되고 보면 보험은 그 어떤 금융상품보다도 더 큰 힘을 준다.

스마트하게 선택하라

"보험 안 들었어요?"

"보험이야 당연히 들었죠. 그런데 이번 경우는 해당이 안 된다고 하네요."

이것저것 보험을 들어놓긴 했는데 막상 보험금 청구를 하려니 조건에 해당하지 않는 난감한 경우가 종종 있다. 약관을 꼼꼼히 살피지 못한 탓도 있겠지만, 무엇보다 보험에 가입하면서 자신이 가입하는 상품의 성격에 대해 제대로 파악하지 못한 이유가 크다.

요즘은 스마트폰, 인터넷 등을 활용하면 필요한 정보를 신속하고 정확하게 알 수 있다. 하지만 불과 10여 년 전까지만 해도 보험은 지인의 부탁을 거절할 수 없어 울며 겨자 먹기로 가입하는 일이 많았다. 그러다 보니 이것저것 묻고 따지는 것이 미안해 대충 훑어보고는 도장을 꾹 찍어주곤 했다.

아프거나 다쳤을 때, 혹은 사망했을 때 돈이 나온다고 하니 믿고 가입했는데 막상 보험금을 청구할 일이 생겨 문의하면 이건 이래서 안 되고 저건 저래서 안 된다는 대답을 듣게 되니 괜히 속은 듯한 기분까지 들게 된다. 하지만 이 모든 것이 인정에 끌려 꼼꼼히 살펴보지 않은 잘못이니 누구를 탓하고 원망할 수도 없다.

괜히 지인의 부탁을 거절하지 못해 필요하지도 않은 보험을 가입할 바에는 차라리 맛있는 식사 한 끼를 대접하고 정중하게 거절하는 것이 낫다. 게다가 그런 일로 서운해하거나 인연이 끊어질 지인이라면 그냥 남으로 사는 것이 더 낫다. 최근에는 보험 선택과 가입이 지인의 인정에 의한 부탁이 아닌 합리적인 선택으로 이루어지는 경우가 점점 많아지고 있다.

2017년에 금융소비자연맹과 기획재정부가 함께 한 '가계 보험 가입 적정성에 대한 비교조사 연구' 결과에 따르면 가입자가 자발적으로 보험에 가입한 경우는 18.2%에 불과하다. 게다가 응답자의 71%는 모두 지인의 권유로 얼렁뚱땅 가입하게 된 비자발적 가입이었다.

동일한 조사에서 보험 가입자의 26.5%가 최근 5년 이내에 납입금의 손실을 감수하면서까지 보험을 해지한 경험이 있다고 대답했다. 또한 월 소득의 18%를 매월 보험료로 납입해, 소득대비 보험료가 과도하게 지출되고 있는 것으로 파악됐다.

보험은 꼭 필요한 것이지만 상품을 잘못 선택하거나 과하게 보험료가 납입된다면 이 또한 낭비다. 현명하고 합리적인 보험 가입을 위해서는 선택부터 깐깐해야 한다. 매달 일정한 금액으로 꽤 오랜 기간 돈을 가져가는 데다, 해약할 경우 원금을 손해 보아야 하는 일까지 생기니 꼭 필요한 보험인지, 같은 금액으로 최대의 보장을 받을 수 있는 상품인지 꼼꼼히 따져야 한다.

보험은 크게 '보장성 보험'과 '저축성 보험'으로 나뉜다. '보장성 보험'은 질병과 사고 등과 같은 위험의 보장을 위한 보험이고, '저축성 보험'은 위험의 보장은 물론이고 저축 기능까지 만족시켜 주는 보험이다. 후자의 경우, 두 가지 기능이 혼재된 만큼 대부분의 상품이 위험 보장에 대한 기능이 낮게 설정되거나 월 납입금 자체가 아주 높게 설정된다.

한편, '보장성 보험'은 다시 만기 시의 환급 유무에 따라 '순수보장형 보험'과 '만기환급형 보험'으로 나뉘는데, 순수보장형 보험은 말 그대로 순수하게 위험에 대한 보장만 하는 보험이라 만기 시에 돌려받는 돈이 없다. 즉, 그 사이 납입했던 보험금이 모두 사라지는 것이다. 이에 비해 '만기환급형 보험'은 납입한 보험금의 일부 또는 전부를 만기 시에 돌려받는 보험이다.

'순수보장형 보험'과 '만기환급형 보험'은 성격이 다른 만큼 월 납입금에서도 큰 차이가 나는데, 후자가 전자보다 월 보험료가 더 높다. 그 차액만큼 만기 때 돌려받는 구조라 생각하면 이해가 쉽다. 그런데 수십 년 동안 꾸준히 납입하며 한 곳에 묶어둔 돈 치곤 이자도 없이 원금만 돌려받는 셈이라 차라리 '순수보장형 보험'에 가입하고 나머지 액수만큼은 꾸준히 저축이나 투자를 하는 것이 더 낫다는 의견도 있다. 따라서 위험 보장과 원금 보존, 그리고 월 보험료를 꼼꼼히 따지고 저울질해서 가장 득이 되는 상품을 선택하면 된다.

보험을 선택하고 가입할 때 이러한 차이를 제대로 알지 못하면 중도에 해지할 가능성도 그만큼 커진다. 앞서 설명한 조사에서도 가입자가 '위험 보장'이라는 보험의 주된 목적보다는 '저축 또는 목돈 마련'의 수단에 더 무게를 둔 탓에 자신이 가입한 보험에 불만이 커져 결국 보험료의 손실을 보면서까지 중도 해지하는 경우도 많았다.

또 '보장성 보험'은 보장 방식에 따라 '정액보상 보험'과 '실손보상 보험'으로 나뉘는데, 전자는 여러 보험사에 가입해도 약관에 명시된 상해나 질병이 조건만 충족되면 중복 보상이 가능하다. 하지만 후자의 경우는 실제 부담한 의료비 이상은 보상이 되지 않고, 부담한 의료비 내에서 보험사 간에 비례로 보상받게 된다. 이런 보험 상품의 특성을 잘 알지 못하고 '실손 보험'을 비슷한 상품으로 여러 개 가입한다면 보험료만 몇 배로 내고 정작 보상은 하나를 가입한 것과 동일하게 받는 황당한 경우를 맞을 수 있다.

가뜩이나 팍팍해져 가는 가정경제의 현실에서 '보험'이라는 필수 지출 또한 적극적으로 계산기를 두드리며 최소의 돈으로 최대의 효과를 얻는, 좀 더 스마트한 선택을 할 필요가 있다.

보험은 최후의 보루다

"어휴, 그때 보험을 들어놓길 정말 잘했어. 안 그랬다면 수술비와 입원비 등 그 큰돈을 우리가 어떻게 감당하겠어?"

"어떡해요. 사실 그 보험 지난주에 해지했어요. 생활비는 계속 쪼들리는데 보험료는 꼬박꼬박 나가니 아까운 생각도 들고, 급하게 돈 구할 데도 없고 해서……."

간혹 현실에서는 드라마에서나 볼 법한 황당한 일들이 어느 날 갑자기, 예고도 없이 벌어지기도 한다. 특히 좋지 않은 일은 더욱 그러하다. 지난 10년 동안 아무 일 없이 무탈하던 건강이 큰 수술을 해야 할 만큼 나빠질 수도 있고, 오랜 세월 잘 오르내리던 동네 골목길에서 발목이 삐끗하여 구르는 통에 온몸에 심한 골절을 입을 수도 있다. 그런데 그것보다 더 불행한 일은 10년 동안 멀쩡히 잘 유지해오던 보험을 피치 못할 사정으로 해약하자마자 상해와 질병 등의 큰일이 터지는 것이다.

보장성 보험은 가정에 닥칠 위험에 적극적으로 대비하는 최강의 장치로, 가정경제관리의 필수다. 가정에 닥칠 위험이란 주로 가족 구성원들이 사고를 당하거나 질병 또는 사망에 이르는 것을 뜻한다. 집을 지을 때 기초가 튼튼해야 하는 것처럼 가정의 기초는 이러한 위험을 대비해야 한다.

보험은 혹시 모를 미래의 위험에 대비하는 좋은 장치인 만큼 실손 보험의 중복 가입을 제외하곤 많이 가입할수록 보험 사고 발생 시 받을 수 있는 보험금 액수도 증가한다. 하지만 현재의 소득을 미래의 위험에 대비하는 데만 사용할 수는 없으니 월 소득에서 일정 비율을 정해 보험료를 설정하고, 그 안에서 가장 득이 되는 보험 상품을 선택하는 것이 좋다.

질병과 재해 등의 갑작스러운 위험을 대비하기 위해서는 필수적으로 가입해야 하는 보험이 몇 가지 있다. 우선은 '실손보상 보험'이다. 흔히들 실손 보험이라고 부르는 이 보험은 질병이나 재해 등의 자기 부담금을 90%에 가깝게 보상해주는 보험이기에 반드시 가입해야 한다. 또 암, 뇌졸중, 심근경색과 같이 고액의 치료비가 드는 질병이나 재해에 대한 보험도 꼭 들어두어야 한다. 그 외는 각 가정의 경제 사정에 맞춰서 추가로 가입하면 된다.

또한 가능하다면 비갱신 보험으로 가입하기를 권한다. 갱신형 보험은 고연령층이나 질병, 상해 등 과거 이력이 있는 경우에 어쩔 수 없이 가입하기도 하지만 건강하고 젊은 사람이 갱신형 보험을 가입해서 종신토록 보험료를 내는 것은 매우 비합리적이다. 따라서 10~30년 이내로 본인이 희망하는 기간과 금액을 비교해서 비갱신으로 가입하는 것이 갱신형으로 인한 보험료 폭탄을 피하는 유용한 방법이다.

이렇게 꼭 필요한 보험을 잘 선택해서 현명하게 가입하는 것만큼이나 중요한 것은 그 보험을 만기 시까지 잘 유지하는 것이다. 위 사례의 가족처럼 급하게 돈이 필요하다고 해서, 혹은 지금껏 성실하게 보험료를 납부했지만 너무 건강하고 무탈해서 보험금을 청구할 일이 없었다고 해서 덜컥 해지해서는 안 된다. 보험은 만에 하나 있을지 모를 불운한 일을 위한 최소한의 안전망인 만큼 1만 중에 9,999가 무탈하다고 해서 결코 안심해서는 안 된다.

혹시라도 급하게 돈이 필요한 경우, 보험을 해약하기보다는 차라리 보험계약 대출을 활용하는 것이 낫다. 보험계약 대출은 해약 환급금을 담보로 하는 대출인 만큼 예금담보 대출과 비슷해서 신용등급에도 영향을 미치지 않고, 현금서비스 등과 비교할 때 금리도 상대적으로 낮은 편에 속한다. 또 신용등급의 제한이나 중도상환 수수료도 없고, 대출금과 이자는 금액과 상관없이 언제든 자유롭게 상환할 수 있어서 단기간에 자금을 활용하기에 편리하다.

보장성 보험의 경우 나중에 형편이 되면 다시 가입하면 된다는 생각으로 무턱대고 해약했다간 낭패를 볼 수 있다. 훗날 다시 가입하고 싶어도 나이와 건강 상태 등이 가입 기준과 맞지 않아 가입이 어렵거나 이전보다 훨씬 많은 보험료를 내야 할 수 있다.

보험은 최대한 이른 나이에 가입하는 것이 좋지만 납입 기간도 길고 보장 역시 평생을 받는 것이기에 첫 가입부터 꼼꼼히 잘 따져보고 충분히 비교해본 후에 결정해야 한다. 그래야 중도 해지의 고비 없이 잘 지켜낼 수 있다.

∨ 매월 지불되는 보장성 보험료는 월 소득의 4∼7%가 적정하다.

∨ 가급적 소멸형, 비갱신형으로 가입한다.

∨ 보장 기간은 평균수명까지 충분히 보장되도록 해야 한다.

∨ 보장 범위와 크기는 사망과 질병, 사고에 대비할 수 있도록 균형
을 갖춰야 한다.

∨ 보장성 보험은 건강하지 않거나 나이가 많으면 가입이 어렵거나
보험료가 올라가니 젊고 건강할 때 하루라도 빨리 가입해두어야
한다.

∨ 이미 가입한 보장성 보험이 만족스럽지 못하다면 보험 리모델링
을 통해 보장이 과한 부분은 낮춰 납입 보험료도 낮추고 부족한
보장은 보완해 든든함을 키우는 것이 좋다.

∨ 비슷한 상품에 중복으로 가입되어 있다면 납입 보험료와 보장
등을 꼼꼼히 비교해 필요 없는 보험은 해약할 필요가 있다. 스스
로 하기가 힘들다면 전문가의 도움을 받아 전체적으로 점검하는
것도 좋다.

좋은 빚 vs 나쁜 빚

"필요한 돈을 빌리는 것은 마치 가려운 곳을 긁는 것과 같다."

탈무드에 나오는 말이다. 사람은 가려우면 긁기 마련이다. 처음에는 시원하지만 어쩐 일인지 긁을수록 더 가려워진다. 그래서 점점 더 세게 긁게 되고, 급기야는 피가 나고 상처가 생겨서 곪게 된다.

돈을 빌리는 것도 이와 같다. 급하게 돈이 필요한 경우 돈을 빌리면 당장은 해결된 듯이 시원하다. 하지만 시간이 지나면 더 목마르다. 형편은 여전히 좋아지지 않은 데다 빌린 돈을 갚아야 한다는 부담감까지 더해지니 목이 바짝바짝 타들어 간다.

빚을 갚지 못하면 신용을 잃는 것은 물론이고 법적인 책임도 피할 수 없게 된다. 하지만 빚의 늪에 깊숙이 빠지기 전까지 사람들은 빚이 이토록 무서운 것인지 잘 알지 못한다. 자신의 채무 상환 능력에 대한 고려 없이 급하니까, 필요하니까 무턱대고 빌리는 것이다.

게다가 요즘은 전화 한 통으로, 혹은 휴대폰 조작 몇 번으로 쉽게 돈을 빌릴 수 있는 세상이다 보니 빚에 대해 너무 쉽게 생각하는 경향이 있다. 예전처럼 지인을 찾아가 자존심 구겨가며 이런저런 사정을 하던 때와는 확연히 달라진, 당당하게 돈을 빌릴 수 있는 세상이 된 덕분에 빚을 그리 심각한 문제로 인식하지 못하는 것이다.

묻지도 따지지도 않고 빌려주는 돈은 덫이다!

돈 빌리는 것을 무조건 나쁘다고만은 할 수 없다. 살다 보면 내가 가진 돈만으로 해결되지 않아 빚을 져야 하는 상황이 생기기 마련이다. 이때 빚을 지면서까지 그것을 할 것인가, 하지 않을 것인가에 대해 판단할 때 그 빚이 어떤 성격의 빚인지를 반드시 고려해야 한다.

빚에도 좋은 빚과 나쁜 빚이 있다. 예를 들면 주택 담보대출이나 사업 자금 대출과 같이 자산을 증식시키는 빚, 그리고 학자금 대출과 같이 재생산을 위한 빚은 좋은 빚이다. 비록 빌린 돈의 원금 외에도 이자가 발생해 추가 지출이 생기지만 그 이상의 가치를 끌어낼 수 있는 투자이기에 생산적인 빚이라고 할 수 있다.

반면 자산 증식이나 재생산이 아닌 소비성 지출을 위한 빚은 모두 나쁜 빚이라고 보면 된다. 예를 들어 자동차 구매를 위해 빚을 지는 경우, 얼핏 보면 자산 증식처럼 보이지만 자동차는 주택과는 달리 구매와 동시에 감가상각이 시작되므로 소비성 지출에 해당한다. 그 외에도 입고 먹고 쓰기 위해 빌리는 돈은 모두 나쁜 빚으로 보아야 한다. 따라서 이런 소비성 지출은 가진 돈이 부족할 경우 빚을 내어 사용할 것이 아니라 수입을 더 늘리거나 소비를 줄이는 등의 건설적인 노력을 해야 한다.

위와 같은 기준 외에도, 대체로 좋은 빚은 상환 기간도 길고 이자율도 낮다. 대신 대출 조건이 까다롭다. 신용이나 소득, 담보 가치 등을 골고루 평가한 후에 대출을 승인해준다. 반면 나쁜 빚은 상환 기간도 짧고, 이자도 높다. 대신 대출 조건이 그리 까다롭지 않다.

이러한 기준에서 볼 때 묻지도 따지지도 않고, 전화 한 통으로 쉽게 빌려주는 돈이 가장 나쁜 빚이다. 주로 저축은행이나 카드 회사와 같은 제2금융권, 대부업체 등이 돈을 쉽게 빌려주고 이자를 살벌하게 챙겨간다. 신용카드 회사의 현금서비스, 카드론 등만 하더라도 별다른 심사 없이 아주 간단하게 대출이 이루어지지만, 상환 기간이 한두 달 정도로 짧고 이자도 일반 은행권의 신용대출이나 담보대출보다 몇 배 높다.

대부업체는 아예 광고를 통해 대출을 부추기기까지 한다. 그들은 대출 광고를 할 때도 "갖고 싶은 게 있어요? 그럼 우리가 돈을 빌려줄게요!"라고 말하며 대출을 별것 아닌 것처럼 가볍게 생각하게 만든다. 정말 힘들 때 최후의 수단으로 선택하는 게 아니라,

사고 싶거나 하고 싶은 게 있지만 돈이 없을 때 대출을 이용하면 된다는 생각을 심어준다. 게다가 빚이 마치 자산인 양 '돈을 쉽게 쓰는 이미지'를 강조하며 대출에 대해 긍정적인 이미지까지 보여주려 한다. 실제 대출 과정도 아주 쉬워서 사람들이 빚의 무게를 잘 느끼지 못하도록 위장한다. 그러곤 엄청난 이자를 챙겨간다.

쉽고 편하다고 해서 무턱대고 고금리 대출을 쓰는 것은 아주 위험한 행동이다. 하지만 현실에서는 쉽고 간단하다는 유혹을 이기지 못해 대부업체의 돈을 빌려 쓰는 사람들도 없지 않다. 제3금융권에 발을 들여놓는 사람들이 대부분 신용, 수입, 담보 등의 조건이 미흡해 은행권에서 대출받지 못하는 사람들이기에 한번 유혹에 빠지면 빚의 늪에서 벗어나기가 쉽지 않다.

이들은 주로 신용카드로 계획성 없는 지출을 하다가 결제를 위해 현금서비스 등의 빚까지 내고, 상환이 어려워지면 여러 개의 신용카드로 돌려막기를 한다. 돌려막기를 하다가도 안 되면 결국 고금리인 대부 쪽으로 발을 들여놓게 된다. 내가 지금껏 지켜봐온 빚의 늪에 빠진 사람들은 대부분 비슷한 패턴을 보였다. 불과 몇 달 만에 가정경제가 엉망이 되니, 빚이 늘어나는 속도가 가히 '빛의 속도'라 할 수 있다.

이처럼 빚은 성격에 따라 좋은 빚과 나쁜 빚으로 나뉘지만, 결국엔 갚아야 할 남의 돈이기에 가능하면 빚을 지지 않는 게 좋다. 그리고 어쩔 수 없이 빚을 져야 한다면 좋은 빚인지 나쁜 빚인지를 반드시 따져보아야 하며, 좋은 빚이라도 나의 채무 상환 능력을 넘어서는 빚은 결국 나쁜 빚이 될 위험이 크니 반드시 경계해야 한다.

나쁜 빚, 최우선으로 상환하고 무조건 차단하라

좋은 빚이든 나쁜 빚이든 빚을 진 이상 상환 의무가 있다. 게다가 현실은 빚을 지는 개인의 처지를 고려해주지 않는다. 그저 빌린 돈의 원금과 이자를 성실하게 상환하는지만 중요하게 여길 뿐이다.

가능한 한 빚을 지지 않고 사는 것이 좋겠지만 어쩔 수 없이 돈을 빌려야 한다면 반드시 본인의 상환 능력을 고려해 최선의 선택을 해야 한다. 전문가들은 매월 상환해야 하는 대출 원금과 이자액이 본인 소득의 20%를 넘지 않아야 한다고 조언한다. 즉, 월 소득이 300만 원인 사람의 경우라면 한 달 원리금 상환액이 60만 원을 넘지 않도록 조정해야 한다.

현실에 대한 고려 없이 필요한 대로 돈을 빌렸다가는 대출금과 이자가 누적돼 경제적인 압박에 시달리게 된다. 그리고 때에 따라서는 신용 상태가 무너져 회생이 어려운 상황까지 갈 수도 있다. 게다가 가정경제가 피폐해져 심리적인 고통이 큰 탓에 직장에서의 업무 집중도까지 떨어져 더 큰 문제를 불러올 수 있다.

가계 부채는 이제 개인의 문제를 넘어 사회 전체의 문제가 되었다. 2018년 11월에 우리나라의 가계 부채는 총 1,500조 원을 돌파했다. 대한민국 국민 1인당 3,000만 원의 빚이 있다는 것이다. 매년 늘어나는 부채의 규모도 문제지만 더 큰 문제는 빚을 갚을 능력이 되지 않아 경제적으로 큰 어려움을 겪는 사람도 매년 늘어나고 있다는 점이다.

2018년 한국은행이 국회에 제출한 자료에 따르면, 우리나라 전체 가구 중 처분가능소득의 2배 이상의 금융 대출을 가진 가구가 32.9%에 달하는 것으로 나왔다. 이는 은행을 비롯한 금융권에서 돈을 빌린 대출자 세 명 가운데 한 명은 2년 동안 한 푼도 쓰지 않고 모아도 빚을 다 갚지 못한다는 의미다. 게다가 처분가능소득의 2배 이상의 금융 대출을 가진 가구 비율이 매년 꾸준히 증가하고 있다. 2014년 28%였던 것이 이듬해엔 30%로 올랐고, 이후에도 지속해서 증가해 2017년에는 32.9%를 기록했다.

좋은 빚과 나쁜 빚이 뒤섞여 이제는 아예 크나큰 빚덩어리가 우리 가정의 경제를 무너뜨릴 지경까지 왔다. 이런 위기의 상황일수록 차근차근 고리를 풀어나가야 한다. 빚을 상환하되, 무조건 나쁜 빚부터 먼저 갚아나가야 한다. 판단이 쉽지 않아 전문가의 도움이 필요할 경우 주저 없이 상담하고 도움받아야 한다. 우물쭈물하는 사이에도 이자가 꿈틀꿈틀 불어나고 있으니 최대한 빨리 전략을 세워 빚을 갚아야 한다.

그뿐만 아니다. 가정경제를 정상으로 회복하기 위해선 나쁜 빚을 갚아나감과 동시에 더는 나쁜 빚을 만들지 않아야 한다. 나쁜 빚의 원인은 대부분 계획 없는 소비에서부터 출발한다. 계획하지 않고 돈을 막 쓰다 보면 빚을 지게 되고, 그 빚이 또다시 빚을 낳고 더 많은 빚을 낳아 결국은 빚의 늪에서 헤어나지 못하게 되는 것이다.

가장 대중적이고 대표적인 나쁜 빚이 신용카드 대금이다. 신용카드로 물품이나 서비스를 구매하면 한 달 정도 후에 그 대금을 지불한다. 한 달간 빚이 생기는 셈이다. 게다가 할부로 구매한 것까지 포함하면 길게는 1년 이상을 갚아나가야 하는 빚도 있다.

많은 사람이 신용카드가 빚이라는 인식을 잘 하지 못한다. 하지만 신용카드는 플라스틱으로 되어있을 뿐 현금과 동일한 통화수단이다. 돈이 지출되는 시점이 조금 늦춰진다는 것만 다를 뿐이다.

신용카드는 계획을 세워 잘 사용하면 편리한 지급 수단이지만 잘 못 쓰면 빚의 멍에에 갇히게 되는 위험한 형태의 돈인 만큼 최대한 사용을 자제하고, 가능하다면 아예 없애버리는 것도 좋다.

◎ Check! 빚도 갚는 순서가 있다 ◎

∨ 대출은 당연히 대출 이율이 높은 것부터 상환하는 게 원칙이다.
따라서 다중 채무자의 경우 제3금융권에서 빌린 돈이 있다면 최

우선으로 상환하고, 이후부터는 다음 원칙을 참고해서 상환해나
가면 된다.

∨ 보통 상환 기간이 짧은 단기 대출이 이율이 높고 중·장기 대출은
상대적으로 이율이 낮은 편이다. 단기 대출은 카드 할부, 카드론,
마이너스통장 등 대부분 신용대출이라 대출 금리가 높은 편이다.
그러니 제3금융권의 대출 다음으로 우선해서 상환해야 한다.

∨ 카드와 관련한 대출을 줄이기 위해서는 신용카드를 없애고 체크
카드를 사용해야 한다. 마이너스통장은 대출과 상환이 자유로워
어느 정도 갚았다가도 또다시 대출하게 되는 특성이 있다. 게다가
마이너스통장은 사용 여부와는 상관없이 개설한 것만으로도 한도
액이 대출 금액으로 잡힌다. 따라서 사용한 부분이 있다면 되도록
일시에 빨리 상환하고, 아예 마이너스통장을 없애는 것도 좋다.

∨ 중·장기 대출은 대부분 담보대출이라서 대출 금리가 낮은 편이
다. 과거에는 부동산 가격 상승률이 대출 금리보다 높아서 대출
받아 집을 마련해도 돈을 버는 세상이었다. 하지만 고령화, 저출
산으로 인구 증가율 감소, 경제성장률 둔화, 경제 인구 감소 등
으로 부동산 가격 상승률이 예전과 같지 않다. 따라서 금리가 낮
더라도 담보대출을 받는 것은 신중해야 하며, 다른 대출을 모두
상환했다면 중·장기 대출도 최대한 빨리 줄여나가야 한다.

₩ 떠먹여 주는 혜택은 없다

"할인카드나 적립카드 있으세요?"

"네? 그게 무슨?"

"없으시면 그냥 결제해드릴까요?"

"아, 네……."

손에 스마트폰을 들고도 그 안에 숨어있는 다양한 할인과 적립 혜택을 제대로 챙기지 못하는 사람들이 의외로 많다. 예를 들면 각 통신사는 회원들에게 매년 멤버십 포인트를 주고, 그 포인트로 다양한 곳에서 할인받을 수 있도록 서비스한다. 그런데 이 기능을 모르면 1년에 십여만 원에 달하는 현금성 포인트를 그냥 버리게 된다. 물론 통신사는 일일이 고객에게 이런 것을 가르쳐주지 않는다.

통신사의 포인트, 쇼핑몰의 할인쿠폰 외에도 가정경제를 위해 반드시 챙겨야 하는 혜택이 있다. 정부가 국민에게 제공하는 다양한 복지 혜택이 바로 그것이다. 성실하게 세금을 내는 국민이라면 누구나 자신에게 맞는 혜택을 지원받을 수 있지만, 잘 몰라서 그냥 지나치는 사람들도 적지 않다.

모르면 손해! 정부 지원 혜택 야무지게 챙기기

정부가 지원하는 혜택은 대상자가 신청해야만 혜택받을 수 있는 것들이 대부분이다. 아무리 국민 복지를 위해 제공하는 혜택이라지만 정부가 일일이 모든 사람을 찾아가서 혜택을 떠먹여 줄 수는 없다. 그러니 자신이 챙길 수 있는 혜택이 무엇인지 잘 알고 적극적이고 야무지게 챙겨야 한다.

다음 내용은 정부가 제공하는 알찬 복지 혜택들이다. 자신에게 해당하는 사항이 있다면 좀 더 자세히 알아보고 적극적으로 혜택을 챙겨야 한다.

● 신혼부부 및 임신 · 출산 · 자녀 양육 가구 정부 지원 혜택 총정리!

∨ 신혼부부 산전 검사: 풍진 항체 검사, B형간염 검사, 매독 등 임신 전에 필요한 검사를 무료로 해준다. 임신 중에는 엽산제, 철분제도 무료로 증정한다. 지역 보건소마다 혜택이 조금씩 다르니 방문 전에 확인이 필요하다.

∨ 출산 후 국가로부터 받을 수 있는 혜택은 '육아수당', '아동수당', '전기료 감면', '출산 선물'로, 출생신고를 할 때 통합신청서 한 통만 작성하면 동시에 모든 혜택을 받을 수 있다. 이 외에도 세 번째 자녀를 출산한 경우에는 도시가스 비용, 난방비, 출산 지원 금 등 더 다양한 혜택을 받을 수 있다.

∨ 아동수당: 만 6세 미만인 아동을 양육하는 저소득층의 경제적 부담을 덜어주기 위한 지원제도로, 2인 이상 전체 가구 기준 소 득과 재산이 하위 90%에 해당하는 경우에 아동 1인당 10만 원 씩 매달 25일에 지급된다. 각 지역의 주민센터나 복지로 홈페이 지(http://www.bokjiro.go.kr/)에서 신청할 수 있다.

∨ 양육수당: 만 0~5세의 취학 전 모든 영유아를 대상으로 보육료 (어린이집)나 양육수당(가정 양육)을 지원해준다. 0~11개월은 20만 원, 12~23개월은 15만 원, 24~84개월 미만(취학 전 12월 까지)은 10만 원에 해당하는 수당을 매월 25일에 지정된 통장으 로 지원받을 수 있다.

∨ 자녀장려금: 부부 합산 총소득이 4,000만 원 미만인 저소득층 가구의 자녀 양육비를 지원하는 제도로, 만 18세 미만의 부양 자 녀 1명당 최대 70만 원까지 지원해준다. 세무서나 국세청 홈택 스 홈페이지(https://www.hometax.go.kr/)를 통해 신청할 수

있다.

∨ 보건소 무료 예방접종: 각 지역의 보건소는 생후 6~59개월의
영유아를 대상으로 독감, 폐렴, 장티푸스 예방접종을 무료로 실
시하고 있다.

● 청장년층 등을 위한 정부 지원 혜택 총정리!

∨ 실업 급여: 180일 이상 고용보험에 가입되었던 사람이 권고사직
이나 계약 기간 만료, 정년, 회사 폐업 등 본인 의사와 상관없이
실업 상태가 되었다면 누구나 실업 급여를 받을 수 있다. 2018
년부터 실업 급여는 최대 월 180만 원으로 확대되었으며, 실업
급여를 받기 위해서는 재취업을 위한 구직 활동 프로그램을 수
행해야 한다.

∨ 문화누리 카드: 만 6세 이상의 기초생활수급자나 차상위계층의
국민에게 한 사람당 한 장의 카드를 발급해준다. 1년에 최고 7만
원까지 지원해주며, 전국 권역별 주민센터 및 문화누리 홈페이
지를 통해 신청하고 발급받으면 된다. 예산 범위 내에서 선착순
발급이기에 신청 기간이 되면 서둘러 신청해야 한다.

∨ 행복주택: 임대료가 주변 시세의 60~80% 수준의 저렴한 공공

임대주택으로 **청년층**(대학생, 사회초년생, 신혼부부 등)에게는 최대 6년, 고령자 및 취약 계층에게는 최대 20년을 임대해준다. 소득, 거주 지역, 학교나 직장 위치 등 별도의 자격 요건이 있다. 국토교통부의 행복주택 홈페이지(http://www.happyhousing. co.kr/)에서 자세한 사항을 확인할 수 있다.

∨ **청년전세임대주택**: 한국토지공사가 임대인과 전세 계약을 맺은 후 취업 준비생이나 대학생 등에게 해당 주택을 재임대하는 사업으로, 수도권은 최대 1억 2,000만 원, 광역시는 최대 9,500만 원, 기타 도 지역은 최대 8,500만 원의 임대료를 지원하며, 초과 금액을 입주자가 부담하면 된다.

입주 자격과 우선순위가 별도로 정해져 있기에 자격이 되는 지는 국토교통부의 행복주택 홈페이지에서 확인하면 된다. 청약 신청은 LH청약센터 홈페이지(https://apply.lh.or.kr/)의 '주거복지 청약신청'을 클릭해서 진행하면 되고, 자격자가 청약 신청을 하면 우선순위 등을 검토해 대상자를 선정하게 된다.

● **어르신들을 위한 정부 지원 혜택 총정리!**

∨ 만 65세 이상의 모든 어르신에게 인플루엔자 무료 접종을 실시 하니 전국 보건소 및 지정 의료 기관에서 정해진 기간 내에 들

러 접종받으면 된다. 문의는 보건복지콜센터(129), 질병관리본부 콜센터(1339)로 하면 된다.

∨ 치매 검진 지원: 만 60세 이상인 저소득층 노인을 위해 무료로 치매 검진을 지원해준다. 1차 검진 후 이상이 발견되면 2차, 3차 검사 시의 검사 비용을 일정 부분 지원한다. 그 외에도 '치매 치료 관리비 지원사업', '노인 치과 임플란트 지원', '노인 틀니 지원' 등의 의료 지원 서비스도 시행하고 있다. 궁금한 점은 보건복지콜센터로 문의하면 된다.

∨ 만 65세 이상의 기초연금 수급자인 어르신들에게 통신비를 한 달에 최대 1만 1,000원씩 할인해준다. 또 통신비의 월 청구액이 2만 2,000원(부가세 별도) 미만일 경우에는 50%를 감면해준다. 자세한 사항은 보건복지부 기초연금 사이트(http://basicpension.mohw.go.kr)에서 확인할 수 있다.

∨ 55세 어르신들을 대상으로 컴퓨터나 스마트폰 활용에 관한 교육을 무료로 제공한다. 컴퓨터 기초 사용법 및 인터넷, 한글 등 기본 프로그램 사용법, 누리집 제작법 등의 과정이 준비되어 있다. 문의는 한국정보화진흥원 고령층정보화교육팀(053-230-1392), 홈페이지(http://www.itstudy.or.kr)로 하면 된다.

신용관리만 잘해도 금리 낮춘다

현대 사회에서 신용은 또 다른 의미의 자산이다. 대출에는 크게 신용대출과 담보대출이 있다. 담보대출은 말 그대로 집이든 자동차든 재산을 걸어두고 금융기관에서 돈을 빌리는 것이다. 이에 비해 신용대출은 그간의 금융거래 실적을 토대로 돈을 빌려준다. 결국 '신용'은 '재산'처럼 담보 역할을 하는 것이니 더없이 소중한 자산이라 할 수 있다. 따라서 신용에 영향을 미치는 요소에 대해 잘 알아두고 좋은 신용을 유지하여 대출 시 금리 등의 우대 혜택을 잘 챙겨 받아야 한다.

"아니, 연체 한번 한 적 없이 꼬박꼬박 잘 갚았는데 왜 내 신용등급이 이렇게 낮아졌지?"

결혼을 앞두고 전세 담보대출을 알아보던 A는 자신의 신용등급이 낮아 대출이 어려울 수도 있다는 사실에 깜짝 놀랐다. 그간 별 생각 없이 사용했던 현금서비스, 마이너스통장, 카드론은 물론이고 자동차를 구매하며 받았던 할부 대출, 심지어 신용카드의 무이자 할부까지 모두 자신의 신용을 야금야금 갉아먹고 있었다. 잠깐 융통한다는 마음으로 빌려 썼던 돈들이 일일이 기록으로 남아 자신의 신용을 떨어뜨리고 있었다는 사실이 당혹스럽기만 했다.

A처럼 자신의 신용등급을 잘 모르거나 아예 관심을 두지 않는 사람들도 의외로 많다. 그저 할부나 현금서비스 등은 신용카드사가 고객에게 제공하는 서비스 중 하나라고 생각하는 사람도 있다.

그래서 급하게 돈이 필요할 땐 손쉽게 현금서비스를 받고 다시 돈이 생기면 이자와 함께 갚기를 반복한다. 은행도 이자로 수익을 얻는 일이니 연체만 하지 않으면 서로에게 도움이 되는 좋은 일일 것이라 생각하는 것이다.

신용관리에 대한 무관심과 무지가 결국 자신의 신용등급을 떨어뜨리고, 대출 시에 대출 금리를 인상시키거나 아예 제1금융권에서의 대출이 힘든 상황까지 몰고 가기도 한다. 그러니 평소에 자신의 신용등급에 관심을 가지고 좋은 등급을 유지할 수 있도록 노력해야 한다. 살다 보면 대출이 꼭 필요한 순간이 올 수 있고, 그때 조금이라도 낮은 이율로 대출받으려면 신용등급에 대한 관리는 필수다.

신용등급은 금융위원회로부터 인증받은 개인신용평가기관이 은행이나 카드사 등 여러 금융기관이 가지고 있는 개인 금융거래 정보를 분석해서 매긴다. 신용등급은 신용 총점(1~1000점)에 따라 1등급에서 10등급으로 분류되며, 금융거래가 전혀 없는 사회 초년생들의 경우 가운데 등급인 5~6등급부터 시작한다. 이후 회사에 취직해 소득이 잡히고 은행 등의 금융거래가 시작되면 연체 등의 큰 문제가 없을 시에 신용등급은 조금씩 올라가게 된다.

신용등급은 보통 부채 수준, 연체 정보, 거래 기간 등의 기준으로 책정한다. 이중 '부채 수준'은 현재 보유한 채무 수준에 대한 비교 정보로, 신용카드의 총 이용 금액, 현재 유지 중인 대출의 잔액 비중, 소득 대비 대출 약정금액, 소득 대비 카드 이용 금액, 대출

월 상환액 등을 기준으로 평가한다.

'연체 정보'는 채무를 제때에 잘 상환했는지에 대한 평가와 그 이력에 대한 비교 정보로, 총 연체 건수, 총 연체 금액, 연체 건당 평균 금액, 기타 연체 건수, 최장 연체 일수 등을 기준으로 평가한다.

'거래 기간'은 신용 거래 활동 정보에 대한 비교 정보로, 카드 보유 최대 기간, 최근 카드 개설 후 경과 기간, 최근 대출 개설 후 경과 기간, 대출 보유 계좌 중 최대 기간 등을 기준으로 평가한다.

신용등급은 평소에는 그 위력을 잘 느끼지 못하다가, 대출 시 대출 여부, 대출 액수, 대출이자 등으로 계획에 차질이 생길 수도 있으니 평소 자신의 신용등급에 관심을 두고 신용관리에 각별히 신경 써야 한다.

미리 준비하는 은퇴가방

"내 나이 60세가 되던 해에 청춘을 다 바쳐서 일했던 직장에서 정년퇴직했습니다. 그리고 작은 회사에 재취업해 10년을 더 일했지요. 올해 70세가 되어 진정한 의미의 은퇴를 앞두고 있습니다. 온종일 누구와 무엇을 하며 보내야 할지 막막하기만 합니다."

나는 '행복한' 부자가 되는 길을 안내해주는 사람이다. 그러다 보니 재무 상담을 하다가 비재무적인 상담도 하는 경우가 종종 있다. 특히 은퇴를 앞둔 분들은 지금까지와는 전혀 다른, 새로운 시간을 앞두고 어떻게 은퇴 이후의 삶을 설계해야 할지에 대한 고민이 많다.

물론 재취업에 성공해서 일을 이어갈 수도 있지만, 이전과 비교하면 시간이나 에너지를 훨씬 덜 쓰게 된다. 게다가 창업이 아닌 이상 그 일마저도 10년을 넘기기가 쉽지 않다.

결국 대부분의 사람은 55~70세 사이에 은퇴하게 되는데, 직장에서의 시간이 쏙 빠져버린 긴 시간을 어떻게 보낼지에 대한 계획도 미리 세워두어야 한다.

또 늘어난 수명만큼이나 몸과 마음의 건강을 지켜나갈 수 있도록 체력적인 준비도 미리부터 해두어야 한다. 이 외에도 가족과 친구 등 소중한 사람과의 인연을 아름답게 이어갈 수 있도록 꾸준히 노력해야 한다. 이런 계획과 준비의 노력이 모여 은퇴 이후의 시간을 더 풍족하게 해준다.

행복한 은퇴를 준비하라

"100세 시대를 살아가기 위한 은퇴 여행의 준비는 잘하고 계신가요?"

나는 기업이나 단체의 40대 이상 관리자분들을 대상으로 강의할 때면 항상 은퇴 준비에 대한 이야기를 함께 나눈다. 이때 은퇴를 종종 여행에 빗대어 표현하곤 하는데, 자칫 외롭고 쓸쓸한 여행이 될지도 모를 은퇴 이후의 삶도 어떻게 준비하느냐에 따라 오히려 행복하고 즐거운 여행이 될 수 있음을 강조하며 이야기를 진행한다.

40년 이상 이어질 노년의 삶에서 돈과 관련된 재무적인 준비가 가장 중요할 것이다. 그리고 그 외에 건강, 취미 및 사회 활동, 인간관계 등 비재무적인 영역도 결코 무시할 수 없는 중요한 부분이다. 하지만 안타깝게도 우리나라 국민의 은퇴 준비 현실은 재

무적인 영역은 물론이고 비재무적 영역 또한 아주 미흡한 것으로
나타났다.

삼성생명 은퇴연구소는 2014년부터 2년 주기로 '은퇴준비지수
보고서'를 통해 은퇴준비지수를 발표하고 있다. '은퇴준비지수'는
재무적인 영역과 비재무적 영역을 모두 고려하여 은퇴 이후의 삶
에 대한 준비 정도를 측정하여 지수로 나타낸 것이다. 2018년 발
표한 우리나라 국민의 평균 은퇴준비지수는 100점 만점 중에
54.5점으로 '위험(0~50점 미만)'에 가까운 '주의(50~70점 미만)' 단계
에 속했다. 게다가 2014년에는 57.2점, 2016년에는 55.2점,
2018년에는 54.5점으로 점점 더 떨어지고 있어서 염려 또한 커
지고 있다.

"막막하기만 하죠. 뭘 어떻게 준비해야 할지도 잘 모르겠고."

강의와 상담을 하며 많은 분과 이야기를 나눠보면 은퇴 생활에
서 준비해야 할 것과 감당해야 할 것에 대해서 구체적으로 생각
하지 않은 채 막연한 생각만 가지고 있는 분이 대부분이었다.

은퇴 준비의 유형을 살펴보면 크게 세 가지로 나뉜다.

첫 번째 유형은 은퇴에 대해 계획만 가지고 있는 사람들이다.
이들은 은퇴 이후의 삶에 대해 고민도 하고 나름의 계획도 세워
두었지만 계획을 현실에서 실현하기 위한 준비를 하지 않는 사람
들이다.

두 번째 유형은 은퇴 후의 삶에서 재무적인 부분이 절대적이라
생각하는 사람들이다. 이들은 돈만 풍족하게 준비되어 있다면 은

퇴 이후의 삶엔 아무런 문제가 없다고 생각하기에 비재무적인 부분에 대한 고민과 계획을 세우지 않는다.

세 번째 유형은 재무적인 요소뿐만 아니라 비재무적인 요소까지 중요하게 생각하고 준비하는 사람들이다. 이들은 은퇴 후 짧게 30년 길게 50년 동안을 무엇으로 채워야 할지에 대해 깊이 생각하고 성실하게 준비한다.

기존에는 은퇴 설계라고 하면 은퇴 이후의 경제적인 부분에 대한 준비, 즉 재무 설계와 같은 개념으로 이해했다. 그런데 진정한 은퇴 설계는 재무 설계와 더불어 시간 설계, 취미 설계, 건강 설계 등 비재무적인 요소까지 함께 설계하는 것이다.

돈은 풍족하게 있지만 건강하지 못해서 매일 병원을 드나들어야 한다거나 할 일이 없고 만날 사람이 없어 매일 집에만 틀어박혀 있어야 한다면 결코 행복한 노년이 될 수 없다. 은퇴 이후의 재무적인 부분과 더불어 비재무적인 부분까지 얼마나 잘 준비하느냐에 따라 은퇴 후의 삶에 대한 만족도도 크게 달라진다. 그러니 은퇴를 행복하게 맞이하기 위해서는 은퇴 이후의 삶이 이전의 시간 못지않게 활기차고 열정적일 수 있도록 충분한 준비를 해두어야 한다.

행복한 은퇴 여행을 위한 비재무적 준비

여행을 떠나기 전에 꼼꼼히 계획을 세우고 준비물을 잘 챙겨 가방을 꾸리듯이 은퇴도 계획과 준비가 모두 잘되어 있어야 행복하고 즐거운 시간이 될 수 있다. 다음은 은퇴에 앞서 미리 점검하고 챙겨야 할 비재무적 준비들에 대해서 정리한 내용이다.

● 예상보다 빠른 은퇴도 충분히 대비하고 있는가?

대부분의 사람은 직장에서 정해진 정년을 채운 그때가 바로 자신의 은퇴 시점일 것이라 예상한다. 하지만 삶은 우리의 예상대로만 흘러가지 않는다. 2018년에 삼성생명 은퇴연구소는 25~74세의 국민 2,453명을 대상으로 실시한 은퇴 관련 조사를 바탕으로 '2018 은퇴백서'를 발표했다. 이 조사에서 설문 대상자 중 아직 은퇴하지 않은 1,953명이 꼽은 은퇴 예상 나이는 평균 65세였다. 그러나 설문 대상자 중 이미 은퇴를 한 500명이 답한 실제 은퇴 나이는 57세로, 예상 나이인 65세보다 8년이 빨랐다.

은퇴 준비는 이르면 이를수록 좋고, 과하면 과할수록 좋다. 오랜 시간 꾸준히 준비하면 갑작스러운 은퇴에도 당황하지 않을 수 있다. 실제로 많은 분이 자의가 아닌 타의에 의해 은퇴하게 되어 많은 혼란과 갈등을 겪게 된다. 그러니 예상과 다를 경우까지 고려해 미리부터 준비해두어야 한다.

● 늘어난 여가를 어떻게 보낼 것인가?

은퇴 이전과 이후를 비교할 때 가장 크게 와 닿는 것이 '시간'이다. 갑자기 너무 많은 시간이 주어지니 미리 계획을 세우고 준비를 해두지 않으면 그 많은 시간을 어떻게 보내야 할지 막막하기까지 하다.

은퇴 후 하루에 늘어난 시간은 얼마나 될까? 은퇴 전 하루 8시간 근무와 출퇴근 시간까지 고려한다면 대략 10시간 정도를 직장에 할애했다. 그런데 은퇴하면 그 시간이 고스란히 여가로 주어진다. 하루에 10시간이 갑자기 늘어난 것이다.

주 5일 근무라고 가정할 때 일주일이면 50시간, 한 달이면 200시간, 1년이면 2,400시간이 새롭게 생겨난다. 그리고 퇴직 이후의 재취업까지 고려해 완전한 은퇴 기간을 30년이라고 가정할 때 72,000시간이 여가로 더 주어진다. 이 긴 시간을 어떻게 보낼지에 대해 체계적으로 계획을 세워야 한다.

실제로 많은 은퇴자가 은퇴 후 갑자기 찾아온 긴 시간 때문에 고민하고 당황스러워한다. 특히 바쁘게 살았던 분들일수록 적응이 쉽지가 않아 우울증, 무기력감 등 심리적인 이상 현상까지 나타나게 된다. 이를 대비하기 위해서는 퇴직 전부터 취미 활동이나 봉사 활동 등 은퇴 이후에 하고 싶은 일에 대해 리스트를 작성하고, 실제 실현이 가능하도록 미리 준비할 부분들은 준비해두는 것이 좋다.

● 육체적, 정신적 건강에 문제가 되는 요소들을 어떻게 극복할 것인가?

기대수명이 100세인 시대를 맞았다는 것이 100세까지 건강하게 산다는 의미는 아니다. 타인의 도움 없이 일상생활이 가능한 건강한 삶을 유지하는 기간을 '건강수명'이라고 하는데, 2016년 통계청 발표에 따르면 한국인의 건강수명은 64.9세라고 한다. 결국 이후의 시간은 가족 등 타인의 도움에 의지하거나 병원, 요양원 등에서 지내야 한다는 이야기다.

물론 평균치인 64.9세보다 훨씬 더 오랫동안 건강을 유지하며 젊은 이들 못지않게 왕성하게 활동하는 분들도 많다. 하지만 경제적인 부를 충분히 쌓아두었음에도 건강을 잃어 자신이 이루어놓은 것을 활용하지 못해 애통해하는 은퇴자도 적지 않다. 국가인권위원회가 발표한 2017년도 '노인 인권 실태 보고서'에서도 노인 응답자 1,000명 중 39%가 현재 건강 상태가 좋지 않다고 답했을 정도로 노년에 건강을 지키는 것이 쉽지 않다.

건강은 하루아침에 좋아지고 나빠지는 것이 아니다. 오랜 시간 동안 이어온 식습관, 운동 습관, 생활 습관 등이 건강을 쌓아가기도, 무너뜨리기도 한다. 육체적인 건강과 이를 이끄는 정신적 건강이야말로 은퇴 생활을 지탱하는 바탕이 되니 젊은 시절부터 건강을 위한 노력을 꾸준히 실천해야 한다.

● 배우자, 친구, 장성한 자식들과 좋은 관계를 유지하려면 어떻게 해
  야 할까?

공식적이거나 비공식적인 많은 관계 속에서 이루어지던 은퇴 이전의
활동과는 달리 은퇴 후의 활동들은 후반으로 갈수록 가족 관계 중심
으로 이루어질 가능성이 크다. 따라서 가족의 지지와 관계 회복은 은
퇴 생활의 만족도에 영향을 미치는 큰 변수가 될 수 있다.

  2012년 한국보건사회연구원에서 실시한 '저출산 고령화 사회의 국
민인식 조사' 결과에 따르면 응답 여성의 71.8%가 '늙은 남편을 돌보
는 일이 부담스럽다'라고 답했다. 오죽하면 은퇴 이후 집에서 아내에
게 꼬박꼬박 세끼 밥을 차려달라는 남편을 두고 '삼식(三食)이'라는 조
롱의 말까지 나왔을까.

  게다가 실제로 은퇴남편증후군(RHS: Retired Husband Syndrome)
이라는 말이 생겨날 정도로, 남편이 은퇴하면서 아내의 스트레스 강도
가 점점 높아지고, 그에 따라 신체적인 이상 증상까지 나타나게 된다.
그러니 은퇴 이전부터 평소에 가사를 분담하고 취미 활동을 함께하는
등 배우자와 돈독한 관계를 유지할 필요가 있다.

  더불어 친구나 자녀와의 관계도 하루아침에 개선되는 것이 아니니
평소에 마음을 전하고 자주 왕래하며 관계에 정성을 기울여야 한다.

● 어떻게 하면 나를 위한 삶을 살아갈 수 있을까?

은퇴 전에는 자신보다는 가족이나 회사 등 타인을 위한 활동이 많았다. 가족을 부양해야 한다는 의무감에, 좋아하거나 하고 싶은 일은 뒷전으로 미뤄두기 일쑤였다. 하지만 은퇴 후에는 나를 위한 시간, 나를 위한 활동, 나를 위한 투자가 가능해지는 만큼 자신을 위한 삶에 조금 더 무게를 두는 것도 좋다.

그러니 은퇴 이후 무엇을 하고 싶은지에 대해 잘 정리하고 그것을 이루기 위한 준비를 차근차근 해나가야 한다. 예컨대 자격증 취득에 도전하고 싶다면 은퇴까지 기다리기보다는 이전이라도 짬을 내어 미리 공부해두는 것이 좋다. 그러면 은퇴 이후 자격증 도전에 동기부여도 잘 되고, 합격 가능성도 훨씬 커진다. 또 해외여행을 계획한다면 외국어 공부를 차근차근 해두고 여행지에 대해서도 공부하면 은퇴 이후의 삶이 오히려 기다려지기까지 할 것이다.

● 어떻게 하면 삶의 역동성을 유지할 수 있을까?

은퇴 이후의 삶은 확연하게 늘어난 여가에 비해 만나는 사람도 제한적이고 하는 일도 단조로워진다. 게다가 별다른 할 일이 없으니 취침과 기상 시각도 일정하지 않고, 식사도 배가 고프지 않으면 건너뛰는 등 일상의 작은 규칙들이 점차 무너져 간다.

단조롭고 일상적인 삶에서 오는 무료함은 곧 우울감과 공허함으로 이어진다. 세상은 여전히 바쁘고 분주하게 돌아가는데 자신만 혼자 그곳에서 튕겨져 나와 멈춰버린 시간 속에 갇힌 기분이 든다.

은퇴 이후 급작스러운 우울감과 공허함에 빠지지 않으려면 스스로 규칙을 만들고 지키려 노력해야 한다. 특히 아침에 일어나고 밤에 잠을 자고, 몸을 깨끗이 씻고 식사를 제때 챙겨 먹는 등 일상의 소소한 일부터 규칙을 지키려 노력해야 한다. 이런 작은 것들이 무너지면 일상은 점차 흔들리게 된다.

또 외부에서 할 수 있는 활동을 많이 만들어 가능한 한 규칙적으로 외출해야 한다. 재취업 등으로 경제활동을 이어가면 더없이 좋겠지만, 굳이 그것이 아니더라도 배움이나 봉사 활동, 취미 활동 등 삶에 역동성을 더해줄 일들을 적극적으로 찾아 삶을 분주하게 만들어야 한다.

"열심히 일한 당신 떠나라!"라는 유명한 광고 카피는 30년이 넘는 세월을 가족과 회사에 헌신한 은퇴자들에게 가장 해주고 싶은 응원의 말이다.

은퇴는 종착역이 아니라 자아실현을 위한 새로운 여행의 출발이다. 은퇴 후 노년의 삶은 그저 견디고 버티는 것이 아닌 나를 위한 여행의 시간이 되어야 하고, 그 여행은 지금까지의 삶 어느 때보다 즐겁고 행복해야 한다. 은퇴에 대해 재무적인 요소뿐만 아니라 비재무적인 요소들까지 균형 있게 준비한다면 은퇴 이후의 삶은 열심히 일한 자신에게 선물하는 축복 같은 시간이 될 것이다.

∨ 은퇴하는 이유가 무엇입니까?

∨ 은퇴를 통해서 얻고 싶은 감정적 성취는 무엇입니까?

∨ 이 땅에서 삶을 마치고 갈 때 이루고 싶은 소명이 있습니까?

∨ 은퇴에 대한 계획을 언제부터 준비했으며, 구체적으로 재무적인

　것과 비재무적인 요소들이 어떻게 반영되어 있습니까?

∨ 은퇴 후의 스케줄 작성 시 가장 많은 시간이 할애될 것은 무엇

　이고, 그것은 은퇴 생활에 어떤 의미를 주나요?

∨ 은퇴 후 지속되기를 희망하는 사회적인 연대 관계가 유지되는

　모임을 얼마나 가지고 계시나요?

∨ 배우자와 은퇴에 관한 진지한 대화가 있었나요? 배우자가 은퇴

　에 대해 동의하였나요?

∨ 은퇴 후 자신 인생이 무엇으로 기억되기를 희망하시나요?

똑똑한 가정경제관리로 행복한 부자가 되세요!

　재테크와 관련된 여느 책들처럼 이 책 역시 돈과 관련된 무겁고 암담한 이야기들로 독자의 가슴에 퍽퍽한 고구마 하나를 박아 넣었을지도 모른다. 실제로 강의와 상담의 현장에서 '높은 물가와 마이너스 금리로 자산의 가치는 점점 하락하고 있고, 고령화·저출산으로 개인의 사회적 부담은 나날이 늘어가고 있다'와 같은 이야기를 하면 다들 무거운 한숨을 내쉬며 고개를 돌린다. 외면하고 싶은 것이다.

　고개를 돌린다고, 외면한다고 현실이 바뀐다면 나 역시 달콤하고 부드러운 이야기만 할 수도 있다. 지금처럼 벌고 지금처럼 써도 우리의 미래는 밝고 희망차다며, 훈훈하게 상담을 이어갈 것이다. 하지만 현실은 우리의 염려보다 더 무겁고 암울하다. 돈 때문에 가정이 파괴되고, 소중한 삶을 포기하는 일들이 소설 속에나 나오는 이야기는 아니지 않은가.

　암담한 현실을 돌파하고 행복한 부자가 되어 경제적 자유를 얻는 것은 혼자만의 힘으론 불가능하다. 아내는 구멍 난 양말을 기워 신으며 돈을 아끼는데 남편은 하룻밤 술값으로 수십만 원을 날린다면 밑 빠진 독에 물을 붓는 결과를 가져온다. 부모는 열심히 일하고 절약을 하는데 자녀들은 사고 싶은 것, 하고 싶은 것을 다 하려 든다면 이 역시 가정경제에 커다란 구멍이 뚫린 격이다.

가정경제가 건강하기 위해서는 어느 개인의 희생과 노력이 아닌 가족 모두의 노력이 필요하다. 이를 위해서는 소통과 공감을 통해 가족 모두의 노력을 이끌어내는 것이 중요하다. 내가 재테크가 아닌 '가정경제관리'라는 표현을 사용하는 것도 이런 이유에서다. 가족 공동의 중요한 재무 목표를 설정하고, 그것을 달성하기 위해 구성원 모두가 한 방향으로 움직일 때 비로소 건강한 가정경제관리가 가능해진다.

가족 모두가 소통과 공감을 통해 재무 목표를 설정했다면 그것을 달성하기 위한 실행에 들어가야 한다. 그리고 이 실행에서 가장 중요한 것이 '당장 시작하라'이다. 제아무리 대단한 결심도 차일피일 미루면 힘이 빠지기 마련이다. 게다가 돈은 시간과 만났을 때 믿기 힘들 정도의 엄청난 힘을 발휘하기에 하루라도 빨리 시작하는 것이 좋다.

당장 시작하는 것과 더불어 불필요한 씀씀이를 통제하는 것도 중요하다. 부자가 되기 위해 밥을 굶을 필요는 없지만 비싼 커피는 자제할 수 있다. 할인마트를 애용하되 계획에 없는 소비를 하는 것은 경계해야 한다. 이처럼 소비에 분명한 기준을 세우고 생활 속에서 꾸준히 실천하는 것이 중요하다.

또한, 필요하다면 믿을 만한 금융 멘토의 도움을 받는 것도 좋다. 요즘은 가정경제관리를 위한 전문가의 재무 설계를 '파이낸셜 클리닉'이라고도 한다. 건강검진을 위해 병원에 가면 문진과 진찰을 통해 의사의 처방이 나온다. 이처럼 가정경제 또한 전문가가 현실을 진단해서 문제가 무엇인지를 찾고 분석을 해서 그에 맞는 적절한 처방을 내려준다. 그러니 금융전문가의 도움을 통해 가정경제관리의 구체적인 방향을 찾을 필요도 있다.

행복한 부자가 되기 위해서는 가정경제관리를 통해 인생의 재무적 계획을 세우고, 거기에 맞는 금융 상품들을 찾아서 차근차근 준비해가는 것이 필요하다.

"에이, 그런 거 필요 없어. 인생은 즐기는 거야!", 혹은 "그냥 지금처럼 열심히 살면 되지, 계획이 뭐가 필요해?"라고 한다면 결국 우리 가정은 투자 문제, 대출 문제, 노후 문제 등 그간 외면해두었던 문제들이 곪아서 일순간에 터져버릴 수 있다.

행복한 부자가 되는 길은 모두에게 열려 있지만 아무나 그곳에 갈 수 있는 것은 아니다. 그 걸음이 성실하고 정직한 사람만이 목표 지점에 이를 수 있다. 또한, 요행이나 꼼수가 아닌 꼼꼼한 계획과 체계적인 준비로 매 순간 최선을 다해 걸어갈 때 그 과정마저도 즐겁고 행복할 수 있다.

죽기엔 너무 젊고
살기엔 너무 가난하다

펴 낸 날	초판 1쇄 2019년 4월 23일
	초판 8쇄 2024년 5월 30일
지 은 이	김남순
기 획	출판기획전문 (주)엔터스코리아
펴 낸 이	김은정
펴 낸 곳	봄이아트북스
출판등록	제406-251002019000142호
주 소	경기도 파주시 회동길 513, 203호
전 화	070-8800-0156
팩 스	031-935-0156
I S B N	979-11-6615-745-5 (03320)

값 15,000원
잘못 만들어진 책은 구입처에서 교환해드립니다.